MARKUS DRÖGE

Im Geist der Zuversicht

Wie wir die Geschichte der Hoffnung weiterschreiben können

RADIUS

Markus Dröge, geboren 1954 in Washington D. C./USA. Schulzeit in Washington, Bonn, Paris und Brüssel. Studium der evangelischen Theologie in Bonn, München und Tübingen. Seit 1983 im Pfarrdienst in Koblenz. Seit 1984 Mitglied der Christlich-Jüdischen Gesellschaft. 1999 Dissertation in Heidelberg bei Michael Welker über das Thema: »Kirche in der Vielfalt des Geistes. Die christologische und pneumatologische Begründung der Kirche bei Jürgen Moltmann«. 2002 bis 2004 Ausbildung zum Systemischen Berater. 2005 bis 2009 Superintendent im Kirchenkreis Koblenz. 2009 bis 2019 Bischof der Evangelischen Kirche Berlin-Brandenburg-schlesische Oberlausitz. 2011 Ehrenpromotion Universität Koblenz-Landau. 2015 bis 2021 Mitglied im Rat der EKD und für den Rat der EKD von 2012 bis 2020 Aufsichtsratsvorsitzender des Evangelischen Werkes für Diakonie und Entwicklung und Vorsitzender der Evangelischen Mittelost-Kommission sowie der Evangelischen Stiftungen des Heiligen Landes. Seit 2020 als »Anerkannte Persönlichkeit des öffentlichen Lebens« im Nationalen Begleitgremium für die Atommüllendlagersuche. Seit 2021 Vorstandssprecher der zivilgesellschaftlichen Stiftung Zukunft Berlin. Er lebt in Berlin und Koblenz.

ISBN 978-3-87173-863-0

Alexanderstraße 162, 70180 Stuttgart. info@radius-verlag.de

Umschlag: André Baumeister
Auf holz- und säurefreiem Werkdruckpapier gedruckt
Gesamtherstellung: Clausen & Bosse, Leck
Printed in Germany

In memoriam Jürgen Moltmann
(8. April 1926 – 3. Juni 2024)

Einleitung

»Hoffnung hat in der Polykrise der Gegenwart Hochkonjunktur.«[1] Der Bedarf ist groß und übersteigt bei weitem das Angebot. Es scheint so, als ob das Licht der Hoffnung durch immer zahlreichere bedrohliche Wolken verdunkelt wird. Von einer Zeitenwende ist vielfach die Rede. Sie habe – so heißt es – das Ende der bisherigen regelbasierten geopolitischen Ordnung eingeleitet. Die Bemühungen zur Erhaltung der natürlichen Lebensgrundlagen werden – obgleich dringend notwendig – in erschreckender Weise abgeschwächt, relativiert und machtpolitischen Zielen untergeordnet. Menschenrechte, Menschenwürde und demokratische Errungenschaften scheinen verhandelbar geworden zu sein. Wer heute von »Zeitenwende« redet, hat diese dunklen Wolken meist schon als die neue, dauerhafte und nicht nur vorübergehende Wetterlage akzeptiert. Auf diese Situation hätten wir uns nun einzurichten. Aber ist dies wirklich so? Müssen wir diesen Wandel tatsächlich als die unabänderliche Realität akzeptieren?

Persönlich habe ich das Aufziehen der dunklen Wolken in meiner Bischofszeit in der Evangelischen Kirche Berlin-Brandenburg-schlesische Oberlausitz von 2009 bis 2019 sehr intensiv erlebt. Die Auseinandersetzung mit der Umwertung der Werte durch den Rechtspopulismus prägte bereits damals das kirchliche Leben. Wie schaffen wir es, Glauben durchzuhalten gegen das bewusst gesäte Misstrauen, Nächstenliebe zu üben gegen den perfide verbreiteten Hass, Hoffnung zu bewahren gegen taktische Schwarzmalerei?

---

1 Jonas Grethlein, Hoffnung. Eine Geschichte der Zuversicht von Homer bis zum Klimawandel, München 2024, 2. Auflage 2025, 27. (Im Folgenden: Grethlein, Hoffnung.)

Meine geistliche Orientierung hatte ich zehn Jahre vor Antritt des Bischofsamtes durch die Beschäftigung mit der Theologie Jürgen Moltmanns im Rahmen meiner Dissertation gefunden. Seine brillante Darstellung der Hoffnungskraft, die durch den Geist der Auferstehung Jesu Christi in die Welt gekommen ist, hatte mich überzeugt. Die vertiefende biblische Erforschung des Geistes Gottes durch Michael Welker hatte mir diese Hoffnungskraft weiter erschlossen. Die Frage, wie die Hoffnung auch dann durchgehalten werden kann, wenn sich der Horizont verfinstert, hat mich seither begleitet.

Seit dem Ende meiner Amtszeit als Bischof haben sich die vielfältigen Krisen weiter verschärft. Die gesellschaftspolitischen Fragen haben mich durch mein ehrenamtliches Engagement in unterschiedlichen zivilgesellschaftlichen Funktionen seither nicht losgelassen. Unterschwellig ist überall die Frage zu spüren: Wo finden wir Hoffnung in der Polykrise der Gegenwart? Dies hat mich bewogen, meine theologischen Fragen neu zu stellen. Wie kann die Kraft der Auferstehung das Licht der Hoffnung heute neu zum Leuchten bringen? Und wie kann die Kirche ihren Auftrag gegenwärtig in einer gesellschaftlich und politisch herausfordernden Situation erfüllen? Wie kann sie Hoffnung in die Welt tragen und Verantwortungsbereitschaft wecken?

Das Buch ist aus meiner persönlichen Perspektive geschrieben. Es ist geprägt von meinen kirchlichen Erfahrungen und meiner Wahrnehmung der krisenhaften Gegenwart. Es schildert die theologischen Einsichten, die ich Jürgen Moltmann und Michael Welker zu verdanken habe, und die Gedanken, die mich bewegen, wenn ich an die Zukunft der evangelischen Kirche in Deutschland denke. In der Polykrise der Gegenwart brauchen wir ein bewussteres geistliches Verständnis der Kirche – »geistlich« im Sinne des biblischen Verständnisses des Geistes Gottes. Das ist die Grundüberzeugung, die mich leitet.

Herzlich zu danken habe ich zuerst Michael Welker, der mich während eines Kontaktstudiums im Wintersemester 1992/1993 für die Themen der Geist-Christologie begeistert und damit meinen weiteren Werdegang wesentlich beeinflusst hat. Ich danke Volker Jung und Dieter Kaufmann, die mich auf einer Wanderung auf der Schwäbischen Alb im Oktober 2025 ermutigt haben, dieses Buch zu schreiben, und mir mit ihrer reichen Leitungserfahrung in Kirche und Diakonie wertvolle Hinweise gegeben haben. Meine Schwester Renate Köllges, Germanistin und Theologin, hat das Manuskript kritisch gelesen und mir hilfreiche Anregungen gegeben. Superintendent Johannes Krug (Kirchenkreis Teltow-Zehlendorf) und Vorstand Jörg Antoine (Lafim-Diakonie, Potsdam) waren interessierte Gesprächspartner und haben den Druck des Buches finanziell unterstützt. Ebenso danke ich der Union Evangelischer Kirchen (UEK) und der Evangelisch-reformierten Kirche herzlich für namhafte Druckkostenzuschüsse. Wolfgang Erk vom Radius-Verlag hat das Buchprojekt von Beginn an mit Interesse und Aufmerksamkeit begleitet. Besonders danke ich meiner Frau Susanne, die in den letzten Monaten – wieder einmal – viele Stunden und Tage auf meine Gegenwart und Unterstützung verzichten musste.

In Dankbarkeit für den wegweisenden Impuls, den Jürgen Moltmann mit seiner Theologie gegeben hat, ist dieses Buch seinem Gedenken gewidmet. Er wäre am 8. April 2026 einhundert Jahre alt geworden.

Berlin, im Februar 2026 *Markus Dröge*

Geleitwort
von Michael Welker

Markus Dröge und ich sind durch eine persönliche, theologische und am Wirken des göttlichen Geistes leidenschaftlich interessierte Freundschaft verbunden. Gemeinsam ist uns auch die Wertschätzung des bahnbrechenden Werkes meines Doktorvaters Jürgen Moltmann. Seine »Theologie der Hoffnung« (1964) hatte einer Hoffnung, die auf ein endzeitliches Jenseits ausgerichtet war, eine dynamische, auf Aufbruch und Veränderung in dieser Welt konzentrierte Hoffnung entgegengesetzt. Sie sollte nicht, wie Moltmann sagte, den Menschen »um das Glück der Gegenwart betrügen«. Das war damals ein starker Ansatz, doch er erwies sich in der Folgezeit auch als riskant. Denn das »Glück der Gegenwart« war in den aufbruchsfrohen 60er Jahren des 20. Jahrhunderts in Deutschland weit weniger angefochten als in unseren Tagen.

I.

Markus Dröge nimmt in seinem Buch zahlreiche Bedrohungen auf, die das Licht der Hoffnung heute weltweit verdunkeln. Allen voran nennt er einen sich ausbreitenden ökologischen Brutalismus und eine sich abzeichnende globale Klimakatastrophe. Aber auch der Verfall freiheitlicher gesellschaftlicher Verhältnisse in vielen Ländern, die lange Gerechtigkeit, Freiheit und Frieden wertschätzten und mutig autokratischen, diktatorischen und kriegstreiberischen Entwicklungen entgegentraten, schwächt die Kräfte der Hoffnung.

Nüchtern stellt Dröge fest: In der heutigen Kirche und Gesellschaft haben wir »nicht mehr den Frühlingswind der Hoffnung im Rücken«, es bläst uns vielmehr der »Gegenwind der Resignation, der Gleichgültigkeit, ja auch des Hasses ins Gesicht«. Er sieht: »Das große Wort ›Hoffnung‹ wird heute nur sehr sparsam benutzt. ›Zuversicht‹ scheint das Wort zu sein, das den verbrauchten Begriff Hoffnung beerbt hat.«

Im zwanzigsten Jahrhundert war, wie schon in der Reformation, die Konzentration auf Jesus Christus ein Eckstein der Hoffnung. Die Barmer Theologische Erklärung der Bekennenden Kirche vom 31. Mai 1934 richtete sich gegen die nationalsozialistische Diktatur und gegen die Vergiftung der Kirche durch die Hitler folgenden »Deutschen Christen«. Sie rief auf zum Bekenntnis zu Jesus Christus und zur Hoffnung auf sein kommendes Reich. Allein ihm und nicht anderen Mächten hätten Christen zu vertrauen. – Auch der Kampf gegen den politischen Rassismus und die rassistische Kirche der Apartheid in Südafrika wurde durch das auf Jesus Christus konzentrierte Bekenntnis von Belhar (1982) geprägt. Die theologische und geistliche Konzentration auf Jesus Christus war eine Kraftquelle der Hoffnung und breitete sich in der ganzen Ökumene aus.

II.

Im 21. Jahrhundert dagegen verliert in vielen Kirchen und christlichen Gesellschaften die geistliche Orientierung an Jesus Christus an Gewicht. Joseph H. H. Weiler, in Südafrika geborener orthodoxer Jude, Professor für Internationales Recht und Europarecht an der School of Law der New York University und am Europakolleg in Brügge, hat den Europäern eine Haltung der »Christophobie« zugeschrieben, ein geradezu ängstliches Bemühen, jede öffentliche Bezugnahme auf Jesus Christus und das Christentum zu vermeiden. Der letzte Entwurf der Verfassung der Europäischen Union mit einem Umfang von 70 000 Wörtern habe nicht ein einziges Mal das Wort Christentum zu erwähnen gewagt. So würde der Rückgriff auf die geistigen Grundlagen der Kultur Europas und deren kreative Weiterentwicklung blockiert. Das gilt inzwischen nicht nur für Europa, sondern auch für andere Weltgegenden.

In dieser Situation kann ein vollmundiger Verweis auf den Christusglauben und auf die mit ihm verbundene Hoffnung leicht ins Leere gehen. Kann er der von Dröge beklagten »Umwertung der Werte durch den Rechtspopulismus« und der Ausbreitung von »fremdenfeindlichem Misstrauen, Hass und taktischer Schwarzmalerei« Einhalt gebieten?

Dröge nimmt die Aussage der französischen Philosophin Corine Pelluchon auf, dass verzweifelte oder für Verzweiflung anfällige Menschen eine Kraft erfahren müssen, die stärker ist als die Verzweiflung, dass sie aber auch alle Illusionen und Überlegenheitsphantasien ablegen müssen. Diese Kraft ist Dröges und meiner Überzeugung nach der Geist Gottes.

III.

Der bedeutende Pfingsttheologe Frank D. Macchia (Baptized in the Spirit: A Global Pentecostal Theology, Grand Rapids, 2006; Jesus the Spirit Baptizer: Christology in Light of Pentecost, Grand Rapids, 2021) hat die »Geisttaufe«, die in den Pfingstkirchen und den Charismatischen Bewegungen eine zentrale Rolle spielt, mit der »Ausgießung des Geistes« durch Jesus Christus verbunden und sie als »Kronjuwel« der Pfingstbewegung bezeichnet. Mit 650 Millionen Menschen umfassen diese Bewegungen etwa ein Viertel der heutigen Christenheit. Doch wie es in spektakulären Bewegungen leicht der Fall ist, so zog auch diese Entwicklung mediale und ökonomische Versuche auf sich, sie zu vereinnahmen und zu korrumpieren. Das machte es Kritikern leicht, sie zu unterschätzen oder herabzusetzen.

Doch die Kraft der Geistausgießung wird schon in den biblischen Überlieferungen als auf revolutionäre

Weise befreiend beschrieben (z. B. Joel 3,1-2; Apg 2,17-18). Der Geist Gottes »überkommt« und ermächtigt Männer und Frauen – und das in patriarchalen Gesellschaften. Er überkommt Alte und Junge – und das in gerontokratischen Gesellschaften, in denen nur die Alten das Sagen haben. Er überkommt Knechte und Mägde – und das in Sklavenhaltergesellschaften, die in der Antike selbstverständlich waren.

Dieser Geist ist nach biblischen Zeugnissen ein *Geist der Gerechtigkeit* (Röm 8,10), ein *Geist der Freiheit* (2Kor 3,17), ein *Geist der Wahrheit* (2Thess 2,13: Joh passim), ein *Geist des Friedens* (Röm 14,17; Gal 5,22) und *ein Geist der Menschenfreundlichkeit und Nächstenliebe* (Mt 22,39 und im ganzen biblischen Kanon). In dieser Vielgestaltigkeit ist er eine segensreiche Kraftquelle des Guten und durchdringt viele Lebensbereiche.

- Der *Geist der Gerechtigkeit* hält ein jahrtausendealtes Ethos hoch, das gerechtes Recht und den Schutz der Machtlosen und Benachteiligten verbindet.
- Der *Geist der Freiheit* manifestiert sich in der politischen und moralischen Achtung der Menschenwürde, die »den wohl radikalsten Freiheits- und Gleichheitssatz der Geschichte« (Paul Kirchhof) enthält.
- Der *Geist der Wahrheit* begegnet im weiten Spannungsbogen von festgestellter Richtigkeit, Streben nach Gewissheit, Konsens, bis hin zu einer weltweit organisierten wissenschaftlichen Wahrheitssuche.
- Der *Geist des Friedens* wird geprägt vom Streben nach Recht und Gerechtigkeit, nach Wahrheit und Freiheit, aber auch nach Menschenfreundlichkeit und geteilter Freude in der Entwicklung eines inneren Friedens.
- Der *Geist der Liebe* begegnet in vielen heißen, warmen und auch in machtvollen unscheinbaren kühlen Formen, die dem Nächsten »nichts Böses wollen und Gutes gönnen«.

Ein gewaltiges Kraftpaket des Guten liegt im Geist Gottes: eine reiche Kraftquelle der Hoffnung und Zuversicht, die menschlicher Verzagtheit und Verzweiflung von vielen Seiten entgegenwirkt.

Der Geist Gottes eröffnet einen weiten Raum der Hoffnung, in dem vielfältige Formen von Zuversicht sich wechselseitig stärken können.

I Die *Theologie der Hoffnung* – mehr als ein Kind ihrer Zeit?

I.1 VOM FRÜHLING DER HOFFNUNG ZUR DESILLUSIONIERENDEN *ZEITENWENDE*

Vor 60 Jahren ein Bestseller – die *Theologie der Hoffnung*

Es war in einer Frühlingszeit der Hoffnung, als im Oktober 1964 Jürgen Moltmanns großes Werk, die *Theologie der Hoffnung*, erschien.[2] Mit diesem Buch ist er international bekannt geworden. Es war die Zeit, als der Prediger Martin Luther King mit seiner Botschaft die Erwartung einer besseren Zukunft stark machte. Er ermutigte zum Engagement für Gerechtigkeit, für Versöhnung, gegen die Rassentrennung und für die Achtung der Menschenrechte. Die Bürgerrechtsbewegung in den USA erstarkte. Friedensdemonstrationen gegen den Vietnamkrieg, der schon zehn Jahre dauerte und noch weitere zehn Jahre dauern sollte, zeigten das Aufbegehren gegen eine militarisierte Machtpolitik. Die feste Überzeugung, dass es möglich sein muss, wirksam für eine gerechtere und friedliche Welt zu kämpfen, brach sich Bahn. Es war eine Zeit der Visionen und Träume.

Die Präsidentschaft John F. Kennedys in den Jahren 1961 bis November 1963 hatte eine Aufbruchstimmung erzeugt, die weit über die Vereinigten Staaten hinaus Wirkung zeigen sollte. Der Tod Kennedys durch ein Attentat machte dem allen kein Ende. Im Gegenteil, durch

[2] Jürgen Moltmann, Theologie der Hoffnung. Untersuchungen zur Begründung und zu den Konsequenzen einer christlichen Eschatologie, München 1964, 4. Auflage 1964. (Im Folgenden: TdH. Ich zitiere aus der 4. Auflage.)

seine Ermordung wuchs die Faszination, die von seiner Person ausging, noch zusätzlich. In Deutschland blieb die Rede Kennedys, in der er angesichts der Mauer den Menschen in der geteilten Stadt Hoffnung vermittelte, unvergessen. Seine Worte »Ich bin ein Berliner« wurden sprichwörtlich.

Im August 1963, drei Monate vor Kennedys gewaltsamem Tod, hatte der »Marsch auf Washington« stattgefunden. 250 000 Menschen forderten das Ende der Rassendiskriminierung in den Vereinigten Staaten. Martin Luther Kings berühmte Rede »I Have a Dream« hatte bei dieser Demonstration die Massen begeistert. Bob Dylan und Joan Baez waren dort aufgetreten. Ein knappes halbes Jahr später, am 13. Januar 1964, wenige Wochen nach der Ermordung Kennedys, erschien Bob Dylans Klassiker »The Times They Are A-Changin'«. Dieses Lied von den anstehenden großen und unaufhaltsamen Veränderungen kann als trotziger Protest gegen die Ermordung John F. Kennedys im November 1963 verstanden werden. Nichts werde die neue Zeit aufhalten, auch nicht ein Attentat. Bob Dylan prophezeite eine Zeitenwende. Es komme die Zeit, in der Verkrustungen aufgebrochen werden. Revolutionäre Veränderungen stünden an:

Kommt, Senatoren, Kongressabgeordnete, beachtet
den Aufruf,
bleibt nicht in der Tür stehen, blockiert nicht
die Halle.
Denn der, der verletzt wird, wird bald der sein, der
alles aufhält.
Die Schlacht, die draußen tobt,
wird bald an den Fenstern rütteln und die Wände
erschüttern.
Denn die Zeiten ändern sich.

Kommt, Mütter und Väter im ganzen Land,
und kritisiert nicht, was ihr nicht verstehen könnt.
Eure Söhne und Töchter lassen sich nicht mehr von euch kontrollieren.
Eure alte Straße altert rapide.
Bitte geht runter von der neuen, wenn ihr dem Neuen nicht zur Hand gehen könnt,
denn die Zeiten ändern sich.[3]

Die damaligen prophetischen Impulse haben herrschende Resignation aufgebrochen. Die Hoffnung erwachte, dass Trennendes nicht mehr trennend bleiben müsse. Und diese neuen Impulse wirkten weit über die USA hinaus, auch bis nach Deutschland, bis in die geteilte Stadt Berlin. Martin Luther Kings Predigten in Berlin im Jahr 1964 wirkten ermutigend auf die Bürgerinnen und Bürger der geteilten Stadt. Gegen allen Anschein, gegen die brutale Realität der »Schandmauer«, hielten seine Predigten an den Verheißungen von Gerechtigkeit, Versöhnung und Frieden fest. Seine Worte sind in Berlin tradiert worden, immer neu wiederholt worden, so lange, bis die Mauer fiel. Und sie gehören heute zum kollektiven Gedächtnis der Bürgerinnen und Bürger Berlins. Was hatte er gesagt?

Am 13. September 1964 machte Martin Luther King, der nach West-Berlin eingeladen worden war, einen spontanen Besuch in Ost-Berlin. Er predigte sowohl in der St. Marienkirche am Alexanderplatz als auch in der Sophienkirche. Seine Sprache war schlicht und eindringlich:

... hier sind auf beiden Seiten der Mauer Gottes Kinder, und keine durch Menschenhand gemachte Grenze kann diese Tatsache auslöschen. ... Überall, wo

---

[3] Übersetzung in Anlehnung an https://www.songtexte.com/uebersetzung/bob-dylan/the-times-they-are-a-changin-deutsch-2bd69c4a.html (abgerufen am 11.11.2025).

Menschen die trennenden Mauern der Feindschaft abbrechen, da erfüllt Christus seine Verheißung.[4]

Eine tief im christlichen Glauben verwurzelte Hoffnung war für Martin Luther King die Motivationskraft für sein Engagement:

Wenn du die Hoffnung verlierst, verlierst du auf eine Weise jene Lebenskraft, die das Leben in Bewegung hält, du verlierst den Mut zu sein, die Eigenschaft, die dir hilft, trotz allem weiterzumachen.[5]

Und genau in diese Zeit fällt die Veröffentlichung der *Theologie der Hoffnung*. Drei Tage vor den Predigten Martin Luther Kings in Berlin hat Jürgen Moltmann das Vorwort zu seinem Buch geschrieben. Sein Anliegen beschreibt er dort so: Sein Buch frage »nach dem Grund der Hoffnung des christlichen Glaubens und nach der Verantwortung dieser Hoffnung im weltlichen Denken und Handeln heute« (TdH, 6).

Als im Jahr 1967 die englische Übersetzung der *Theologie der Hoffnung* in Amerika erschien, war dies der *New York Times* eine Titelgeschichte wert, und auch in *Newsweek* und der *Los Angeles Times* wurde darüber berichtet. Es war so, als hätten die Menschen auf dieses Buch gewartet – und keineswegs nur innerhalb der Kirche. Hoffnung lag in der Luft. Hoffnung war die Motivationskraft, um sich einzusetzen für Gerechtigkeit und Frieden, für Menschenwürde und Menschenrechte, für den Traum von einer besseren Welt…

---

[4] In einem Festgottesdienst in der St. Marienkirche am Alexanderplatz wurde am 14. September 2014 des 50. Jahrestages dieses Ereignisses in Anwesenheit des Bundespräsidenten gedacht. https://www.tagesspiegel.de/berlin/der-traum-des-martin-luther-king-4828027.html (abgerufen am 20.2.2026).

[5] M. L. King, in: A Christian sermon on peace, 1967, zitiert nach Grethlein, Hoffnung, 243.

Im Angesicht der Klimakrise – Hoffnung unter Illusionsverdacht

Am 23. September 2019, ziemlich genau 55 Jahre nach dem Erscheinen der *Theologie der Hoffnung*, fand in New York der UN-Klimagipfel 2019 statt. Besonders eine Rede ist von diesem UN-Treffen im Gedächtnis geblieben.

> *Ich will eure Hoffnung nicht. Ich will nicht, dass ihr hoffnungsvoll seid. Ich will, dass ihr in Panik geratet. Ich will, dass ihr die Furcht fühlt, die ich jeden Tag fühle. Und dann will ich, dass ihr handelt.*[6]

Diese Worte haben eine junge, damals sehr junge Frau berühmt gemacht. Die 16-jährige schwedische Schülerin Greta Thunberg hat diese Botschaft an die dort versammelten Staats- und Regierungschefs gerichtet. Ein mutig vorgetragener eindrucksvoller Weckruf. Greta Thunberg hat damit den Nerv der Zeit und das Grundgefühl vieler Menschen, besonders in den jüngeren Generationen, getroffen. Angesichts der drohenden Klima-Katastrophe hilft Hoffnung nicht mehr. Im Gegenteil: Hoffnung schadet! Wer Hoffnung propagiert, der verdrängt. »Hope dies – Action begins«, so das Motto der Aktivistengruppe »Extinction Rebellion Hannover«. Angesichts der drohenden Klima-Katastrophe soll die Hoffnung sterben – und aktives Handeln muss beginnen.

Der Gegensatz zwischen dem Zeitgefühl Mitte der 1960er Jahre und dem heutigen Zeitgefühl ist offensichtlich und lässt sich kaum überzeichnen. Angesichts der Klimakrise steht Hoffnung heute unter Illusionsverdacht. Denn befördert Hoffnung nicht eine Haltung, die gefährliche Beschwichtigungen legitimiert und damit dringend notwendiges Handeln verhindert? Ist das Wort »Hoffnung« nicht inzwischen zu einem verbrauchten, nutzlo-

[6] Zitiert nach Grethlein, Hoffnung, 259.

sen, ja schädlichen Begriff geworden? Und treffen die radikalen Botschaften der Klima-Aktivisten nicht zielsicher den wunden Punkt unserer Zeit? Die älteren Generationen haben doch, so sagen sie, klar erkennbar mit ihrem unverantwortlichen Verhalten gegenüber der Natur die Aussicht auf eine gute, lebenswerte Zukunft verspielt. Haben sie nicht die Lebensgrundlagen für die Zukunft zerstört – und zwar mit ihrer illusionären Hoffnung, dass alles irgendwie immer schon gut weitergehen werde, selbst wenn die Schätze der Natur unkontrolliert ausgebeutet werden?

Dass es dringend notwendig sein kann, illusionäre Hoffnungen aufzudecken, zu entlarven und mit radikalen Botschaften anzugreifen, das kennt schon die Bibel. Der Prophet Jeremia warnt seine Zeitgenossen eindringlich vor den katastrophalen Auswirkungen solcher Illusionen: »›Friede! Friede!‹, und ist doch nicht Friede« (Jeremia 6,14),[7] so charakterisiert und ironisiert er die Stimme der falschen Propheten. Sie gaukeln Hoffnung vor, wo doch Erschrecken über das kommende Unheil angemessen wäre.

Es ist durchaus nicht außergewöhnlich, Hoffnung unter Illusionsverdacht zu stellen. Seit der Antike ist es eher der Normalfall, die menschliche Haltung der Hoffnung kritisch einzuschätzen. Jonas Grethlein beschreibt dies anschaulich in seiner Philosophiegeschichte der Hoffnung. Aufschlussreich ist etwa die Textsammlung *Theognidea* aus dem 6. Jahrhundert vor Christus: »Hoffnung und Gefahr sind bei den Menschen gleich: denn sie sind beide beschwerliche Daimonen«, heißt es da.[8] Hoffnung sei geradezu die Quelle der Gefahr, denn

---

[7] Biblische Zitate entnehme ich der Lutherbibel 2017: Die Bibel nach Martin Luthers Übersetzung. Lutherbibel revidiert 2017. Mit Apokryphen.

[8] Grethlein, Hoffnung, 42. (Seitenzahlen in Klammern verweisen im Folgenden auf dieses Buch.)

»Hoffnung verlockt Menschen durch die Aussicht auf Erfolg und verführt sie zu Einsätzen, die riskant sind und sie schließlich in den Ruin stürzen können« (42f). Die schillernde Doppeldeutigkeit der Hoffnung zieht sich durch die gesamte Philosophiegeschichte. Ein modernes Beispiel ist Albert Camus. Für ihn ist Hoffnung »die Betrügerei jener, die nicht für das Leben selbst leben, sondern für irgendeine große Idee« (218). Wer hofft, kapituliere vor dem Absurden, meint Camus. Indem man sich Illusionen hingebe, verweigere man sich dem Leben.

Ein nüchterner Blick in die Philosophiegeschichte lässt also die menschliche Haltung der Hoffnung allenfalls als ambivalent erscheinen. Ihre Wirkung pendelt zwischen Motivationskraft und Verführung zur Illusion. Angesichts der universalen Bedrohung durch den Klimawandel scheint heute das Pendel ziemlich eindeutig in Richtung Illusion auszuschlagen: »Ich will nicht, dass ihr hoffnungsvoll seid, ich will, dass ihr handelt.« Hoffnung gilt als Illusion. Nur Panik erscheint authentisch und fähig, Menschen dazu zu motivieren, sich aktiv für die Erhaltung der natürlichen Lebensgrundlagen einzusetzen und alles in ihrer Macht Stehende zu tun, um die drohende Klimakatastrophe abzuwenden.

Das Ende politischer Hoffnungen innerhalb einer Generation

Im gleichen Jahr 2019, in dem Greta Thunberg ihre aufrüttelnde Rede auf dem UN-Klimagipfel gehalten hat, erschien in London die brillante Analyse des in Wien lehrenden bulgarischen Politikwissenschaftlers Ivan Krastev und des in New York lehrenden amerikanischen Juristen Stephen Holmes: *The Light that Failed* (*Das Licht, das erlosch*, so der Titel der deutschen Ausgabe).[9] Die beiden Autoren bieten ein Erklärungsmodell, wie es dazu gekommen ist, dass die großen politischen Hoffnungen, die durch das Ende des Kalten Krieges geweckt wurden, innerhalb von nur einer Generation vollständig erloschen sind.

Noch bevor die Mauer in Berlin fiel, hatte ein Beamter des amerikanischen Außenministeriums, Francis Fukuyama, die These formuliert, dass die liberale Demokratie nach westlichem Vorbild das einzige überzeugende und lebensfähige politische Modell sei (11). Heute ist diese Überzeugung, die sich nach dem Fall der Mauer wie eine allgemeine Erkenntnis ausbreitete, als Illusion entlarvt. Das Licht dieser universalen politischen Hoffnung ist erloschen. Heute glauben erschreckend viele Menschen nicht mehr an eine bessere Zukunft, die von den Idealen der westlichen liberalen Ideen und von der universellen Geltung der Menschenrechte ausgeht. Wie konnte sich die politische Großwetterlege in so rapider Geschwindigkeit so grundlegend verändern?

Wenn Hoffnung unter Illusionsverdacht steht, wenn sie geläutert werden muss, um lebendig zu bleiben, dann hilft kein Wegschauen. Die Entwicklungen müssen nüchtern analysiert, die Faktenlage ernstgenommen werden. Wer in Berlin lebt, spürt zwar, dass die Strahlkraft der Friedlichen Revolution und die Begeisterung über den Fall der Mauer immer noch nachwirken. Berlin will die »Stadt der Freiheit, in der die Mauern fallen« bleiben, will diese Freiheit weiterleben und verteidigen. Aber das feste Vertrauen Martin Luther Kings, dass keine Mauer dieser Welt auf Dauer Bestand haben wird, weil alle Menschen Gottes Kinder sind, wird heute durch ganz neue Realitäten in Frage gestellt: 1989, als die Ber-

9 Ivan Krastev/Stephan Holmes, Das Licht, das erlosch. Eine Abrechnung, Berlin 2019. Zitate aus der 3. Auflage Berlin 2023. (Im Folgenden: Krastev/Holmes. Seitenzahlen in Klammern verweisen im Folgenden auf dieses Buch.)

liner Mauer fiel, gab es weltweit sechzehn Grenzzäune. Dreißig Jahre später, im Jahr 2019, waren es bereits fünfundsechzig Grenzbefestigungen, die weltweit fertiggestellt waren. Und fast ein Drittel aller Länder der Welt planten Absperrungen entlang ihrer Grenzen. So nüchtern beschreiben Krastev und Holmes die Veränderung der Faktenlage. Inzwischen lebt die Welt in einem »globalen Mauerbau-Fieber, bei dem die Barrieren aus Beton und Stacheldraht existentielle ... Ängste verkörpern« (9).

Es ist eine geradezu tragische Geschichte, die die beiden Autoren nachzeichnen (35-73). In Ost- und Mitteleuropa herrschte nach 1989 zunächst die Meinung vor, es müssten nur die politischen und wirtschaftlichen Modelle des Westens übertragen und eingeführt werden, um die Zukunft in der neuen, westlich geprägten Welt zu gewinnen. Angestrebt wurde ein gesellschaftliches Leben nach den Maßstäben der westlichen Welt mit dem hohen Ideal der individuellen Freiheit. Im weiteren Verlauf der Geschichte zeigte sich aber, dass viele sich gegenseitig verstärkende Faktoren eine schnelle, positive Entwicklung der Staaten verhinderten, die als neue Partner in die westliche Welt eingetreten waren: Die Startbedingungen waren weitaus schwieriger als vorhergesehen, Reformen brauchten längere Zeit als angenommen. Sehr schnell machte sich das vielfach berechtigte Gefühl breit, dass die westlichen Länder vor allem eigennützig handelten, indem sie die schlechteren Bedingungen der neuen Partner ausnutzten, um sich wirtschaftliche Vorteile zu verschaffen und ihren Einfluss auszuweiten. Zunehmend wurde die Situation in den Ländern, denen eine kräftezehrende Transformation auferlegt worden war, als demütigend empfunden. Bei aller Anstrengung konnte, so schien es, immer nur eine minderwertige Kopie der westlichen Errungenschaften erreicht werden. Die Folge waren starke Exodus-Bewegungen, die die mittel- und osteuropäischen Staaten zusätzlich schwächten. Warum auch sollten junge Menschen in ihrer Heimat bleiben, in der es nur mühsam voranging mit dem Versuch, die westeuropäischen Länder nachzuahmen? Die Originale waren einladender.

Als erst die Finanzkrise des Jahres 2008 und dann 2015 der Zulauf von Menschen aus nicht-europäischen Krisengebieten, als »Flüchtlingskrise« emotional dramatisiert und mit menschenfeindlichen Wertungen begleitet, das Vertrauen in die Fähigkeiten der westlichen Welt, Probleme zu bewältigen, erschütterte, begann »der Westen« an Strahlkraft zu verlieren. War es wirklich richtig, seinem Vorbild zu folgen? Gab es nicht Ansätze, Traditionen, Ideen, um den eigenen Weg in die Zukunft selbstbewusst zu finden? Die Stunde der Populisten war gekommen, die die Fähigkeit der liberalen Demokratien, Probleme zu lösen, zunehmend bezweifelten. Das »illiberale« Demokratiemodell eines Viktor Orbán in Ungarn, autoritär und nationalistisch geprägt, verband Heimatverbundenheit, Abwehr des Fremden und Nationalbewusstsein und konnte sich als das durchsetzungsfähigere System verkaufen, das besser in der Lage sei, die Interessen des Nationalstaates zu vertreten. Es wurde zu einem Modell mit überregionaler Ausstrahlungskraft.

Geradezu epidemieartig verbreitet sich seither der national-egoistische Populismus und lässt die Errungenschaften der liberalen Demokratie im wahrsten Sinne des Wortes »alt aussehen«. Die hohe Wertschätzung der Menschenwürde und Menschenrechte, die Ideale einer regelbasierten Weltordnung und die Organisationen, die diesen Idealen dienen, werden zur Manövriermasse. Was zählt, ist – vorgeblich – das Interesse der eigenen Nation, in Realität aber oftmals die sehr handfesten Interessen weniger wirtschaftlicher und politischer Machthaber. Das westliche Politikverständnis mit seiner menschenrechtsbasierten Werteordnung, vor dreißig Jahren noch als vorbildhaftes Zukunftsmodell gehandelt, hat innerhalb einer Generation seine ideelle Vormachtstellung eingebüßt und ist heute offenbar zum Abschuss freigegeben.

Es klingt beschönigend, wenn Krastev und Holmes diese neuen Entwicklungen, in Europa und weltweit, als die Rückkehr zu einem Normalzustand interpretieren (Schlusskapitel »Eine Welt ohne Heuchelei«, 300-304). Die historisch relativ kurze Phase seit dem Zweiten Weltkrieg, in der die Normalitäten dieser Welt in illusionärer Weise verkannt worden wären, sei nun endgültig zu Ende. Generell sei der Wettlauf um eine ideologische Vorherrschaft mit einer Konkurrenz der Gesellschaftsmodelle vorbei. Dies sei aber keine Tragödie. Es bedeute »im Grunde, dass … eine unglückselige historische Anomalie endet« (303). Herfried Münkler, einflussreicher Politikwissenschaftler an der Berliner Humboldt-Universität, versucht weiterzudenken, was es bedeutet, wenn nun die Hoffnung auf eine wertebasierte Weltordnung erloschen ist.[10] Diese Werteordnung erscheint heute als »Normenuniversalismus des Westens« (429) und wird rückblickend teilweise »in denunziatorischer Absicht«, so Münkler, als »Ära eines ›westlichen Werteimperialismus‹« bezeichnet (ebd.). Er sieht ein neues »Direktorium der globalen Ordnung« (414) entstehen, in dem wenige mächtige Staaten ihre Interessen mehr schiedlich als friedlich abgleichen. Letztlich bedeutet dies: Macht geht vor Recht. Die Mächtigen teilen sich die Welt untereinander auf.

Es hilft nicht, die Augen vor diesen Entwicklungen der letzten Jahrzehnte zu verschließen. Ist es aber wirklich alternativlos, diese nun als gegeben hinzunehmen und mit dieser »Zeitenwende« auch die Ideale einer friedlich kooperierenden Weltgemeinschaft der Völker vollständig hinter sich zu lassen? Fast wirken diese Analysen so wie der Weckruf der Klimaaktivisten: »Wir wollen eure idealisti-

[10] Herfried Münkler, Welt im Aufruhr. Die Ordnung der Mächte im 21. Jahrhundert, Berlin 2023, 10. Auflage 2024. (Seitenzahlen in Klammern verweisen im Folgenden auf dieses Buch.)

schen Hoffnungen nicht! Es ist vorbei mit den alten Idealen. Sie sind unrealistisch. Stellt euch ein auf die neue Zeit!« Um es mit einem Gesangbuchvers auszudrücken: »Kampf und Krieg zerreißt die Welt, einer drückt den andern nieder. Dabei zählen Macht und Geld...« (Evangelisches Gesangbuch 596,2). Weil die Welt so ist, deshalb sei es gefährlich, auf nicht erreichbare, illusionäre Ideale zu hoffen.

Wer heute eine realistische Hoffnung gewinnen will, muss diesen Weckruf hören. Der These allerdings, dass die historische Phase, in der die freiheitliche Demokratie und der Gedanke der universalen Menschenrechte prägende Leitbilder waren, lediglich eine unglückselige »Anomalie« der Geschichte sei und dass, da alle Welt wieder in den Normalzustand zurückgekehrt sei, nun der Befreiungsschlag von dieser Anomalie gelingen müsse – dieser These muss beherzt widersprochen werden.

I.2 DIE GESCHICHTE DER HOFFNUNG WEITERSCHREIBEN?

Wenn der Resonanzboden fehlt

Als Jürgen Moltmanns *Theologie der Hoffnung* veröffentlicht wurde, traf seine Botschaft auf einen kräftigen Resonanzboden. Es war eine Frühlingszeit der Hoffnung. Wer den Traum einer gerechten Welt vor Augen hat, wer beseelt ist von dem Gedanken, dass es möglich sein wird, Kriege zu beenden, Frieden zu schaffen und eine Gesellschaft zu gestalten, in der die gleiche Würde aller Menschen gilt, der ist offen für eine *Theologie der Hoffnung*. Jürgen Moltmann konnte zudem anknüpfen an die religiösen Traditionen, die in den Menschenrechtsbewegungen lebendig waren. Martin Luther King ist dafür das hervorragendste Beispiel. Jürgen Moltmann konnte diesen Bewegungen eine zusätzliche Dynamik verleihen, ihre Botschaften auch in die bürgerlich-akademische Welt hinein vermitteln und international bekannt machen. Er hat auf diese Weise wesentlich dazu beigetragen, dass auch in den traditionellen Großkirchen Europas die politische Verantwortung der Christenheit für Gerechtigkeit, Frieden und für die Bewahrung der Schöpfung erkannt wurde und bis heute engagiert wahrgenommen wird.

Was aber ist, wenn dieser Resonanzboden fehlt? Wenn ganz andere Botschaften – Panikbotschaften – auf Resonanz stoßen? Wenn es nicht mehr eine Menschenrechtsbewegung ist, die auf religiöse Traditionen zurückgreift, sondern rassistischer Nationalismus wie bei den fundamentalistischen weißen Evangelikalen Amerikas, und wenn dieser Populismus Erfolge feiert? Wenn das Licht der Aufklärung verdunkelt wird und die Menschenrechte nur noch als ein partikulares imperialistisches Kulturgut gelten? Ist es dann überhaupt noch möglich, eine wie auch immer geartete *Theologie der Hoffnung* zu kommunizieren? Können Christinnen und Christen heute die Geschichte der Hoffnung weiterschreiben? Wenn dies möglich sein sollte, dann müsste es eine geläuterte Hoffnung sein, die weiter Geschichte macht. Dann muss zunächst danach gefragt werden, wie eine realistische, von allen Illusionen befreite Hoffnung heute überhaupt beschrieben werden kann.

Wo Illusionen sterben, kann Hoffnung neu entstehen

Die französische Philosophin Corine Pelluchon, die an der Universität Gustav Eiffel in Champs-sur-Marne, östlich von Paris, lehrt, hat einen erstaunlichen Essay über die Hoffnung verfasst. Ihre These ist, dass Hoffnung dort entsteht, wo Menschen alle Illusionen und Überlegenheitsfantasien ablegen. Dort kann sich sogar ein neuer, gemeinsamer Hoffnungshorizont auftun. Sie hat ihr Buch, das 2023 veröffentlicht wurde, »L'espérance, ou la traversée de l'impossible« genannt – »Die Durchquerung des Unmöglichen«, so der Titel der deutschen Ausgabe.[11]

Hoffnung ist für sie eine Haltung, die entsteht, wenn Menschen den Mut haben, auch den erschreckenden Tatsachen ins Auge zu schauen. Hoffnung bleibt dabei aber nicht stehen. Sie nimmt das Erschreckende nicht als die letzte Realität. Sie ist vielmehr bereit, sich offen zu halten für das Unerwartete. Hoffnung darf deshalb auf keinen Fall mit Optimismus verwechselt werden. Optimismus bleibt bei der oberflächlichen Betrachtung stehen und kann nur durch Verdrängung und durch Herunterspielen der besorgniserregenden Realitäten eine positive Perspektive gewinnen. Die Haltung der Hoffnung ist dagegen wie ein »drittes Auge«. Nachdem ich gleichsam mit dem ersten Auge die Wirklichkeit oberflächlich beobachtet habe und mit dem zweiten Auge das Erschreckende durchdrungen habe, sehe ich mit dem dritten Auge neu und klar.

Dieser Logik folgend beschreibt Corine Pelluchon die aktuelle Realität ungeschminkt. Krisen, gesundheitliche Notstände, der Krieg, der nach Europa zurückgekommen ist, kurz: Wir müssen erschüttert wahrnehmen, dass »die Geschichte ins Stottern gerät« (79). Viele verstehen die Welt nicht mehr, sie ist »leer und laut zugleich« (95). Die Erkenntnis, dass unsere Zivilisation durch eine Klimakatastrophe an ein Ende geraten könnte, kann uns die Möglichkeit rauben, überhaupt irgendwelche Ansatzpunkte für eine Hoffnung zu finden. Und weil ein gemeinsamer Horizont fehlt, wird es schwer, eine friedliche Gesellschaft zu erhalten. Wir dürfen, so Pelluchon,

---

[11] Corine Pelluchon, Die Durchquerung des Unmöglichen. Hoffnung in Zeiten der Klimakatastrophe, München 2023, 3. Auflage 2024. (Im Folgenden: Pelluchon, Durchquerung. Die Seitenzahlen in Klammern verweisen im Folgenden auf dieses Buch.)

die Augen nicht vor dieser letzten Konsequenz verschließen: vor der Möglichkeit, dass die Zivilisation, wie wir sie kennen, ihrem Ende zugeht. Und deswegen dürfen wir die »Öko-Angst«, die Menschen heute empfinden und zur Panik treiben kann, nicht bagatellisieren. Sie ist »keine Modeerscheinung oder ein zeitgenössischer Spleen, sondern die Reaktion unserer Psyche auf eine neuartige Situation« (92).

Nicht besser sieht es aus mit der geopolitischen Großwetterlage. Es könnte sein, dass die liberale Form der Demokratie, so wie wir sie kennen, in der die Rechte der Einzelnen geschützt werden und die – in ihrer sozialstaatlichen Form – das Prinzip der Barmherzigkeit aufgenommen hat, durch totalitäre Regime unterhöhlt, aufgelöst und historisch abgelöst wird. Es könnte sein, dass wir uns einstellen müssen auf eine Welt, in der das Recht des Stärkeren gilt. Pelluchon zeigt Verständnis dafür, dass Menschen heute das Vertrauen in die Institutionen unserer Zivilisation verlieren: Denn wenn unsere politische Zivilisation die Katastrophen nicht verhindern kann, was ist sie dann noch wert? Geradezu unabwendbar erscheint es dann, dass Menschen mit dieser Haltung der Verzweiflung nahe sind. Sie suchen die Flucht. Sie belassen es bei oberflächlichen Betrachtungen und fliehen in die absolute Gegenwart (95ff). »Präsentismus« nennt sie diese Lebensphilosophie, getrieben von dem Wunsch, hier und jetzt Anerkennung zu erfahren. Dabei aber geht der Wunsch verloren, etwas Bleibendes, dauerhaft Sinnvolles aufzubauen.

In dieser verzweifelten Situation kann die rettende Hilfe nicht aus dem Individuum selbst kommen. Es braucht eine Energie, die stärker ist als die Verzweiflung. Obwohl Corine Pelluchon bewusst kein religiöses Buch schreiben will, greift sie auf die Traditionen der Bibel zurück, um die Kraft zu entdecken, die die Verzweiflung überwinden kann. Pelluchon verweist auf die Klagelieder des Jeremia, auf das Buch Hiob und den Psalm 22. Eine besondere Bedeutung hat für sie die Prophezeiung des Hesekiel (Hesekiel 37): das Totenfeld, das durch Gottes Atem wieder lebendig wird (13f). Menschen haben nach der Erfahrung großen Leides und scheinbar bodenloser Hoffnungslosigkeit doch wieder das Leben entdecken können. Wer es einmal erlebt hat, dass das Leben gesiegt hat, für den wird die Hoffnung zu einem Weg (55).

Hoffende erleben eine neue Sensibilität. Hoffende vermuten und erahnen in dem unmittelbar vordergründig Erkennbaren etwas noch Unsichtbares, etwas Gutes. Es ist bereits da. Es wird aber durch »Vorurteile, Sitten und Interessenskonflikte« behindert. Diesem Guten zum Sieg zu verhelfen, so dass es »zum Horizont werden kann« (58), das wird zum tiefsten Wunsch und zur stärksten Motivation für die Hoffenden. Hoffnung lässt die Spuren von grundlegenden Veränderungen erkennen, die in die Zukunft weisen, und weckt neu das Vertrauen, dass es so etwas wie Fortschritt geben kann (76).

Pelluchon schlägt eine Brücke zwischen der sehr individuellen spirituellen Erfahrung zur gesellschaftlichen und politischen Wirklichkeit. Sie lokalisiert den Ursprungsort der Hoffnung im Kern des menschlichen Selbstverständnisses. Daraus erwächst ein neues Weltverhältnis. Es geht den Hoffenden nicht mehr darum, die Welt beherrschen zu wollen. Die Erfahrung, dass es nicht die Durchsetzungsfähigkeit oder der Sieg im Konkurrenzkampf um Aufmerksamkeit waren, die die Verzweiflung besiegt haben, lässt den Wunsch entstehen, sich für Gerechtigkeit einzusetzen, für Solidarität. Der Wunsch, zu kooperieren und die Sorge um das Wohlergehen anderer werden stark (75).

Die Gesellschaftsform der Demokratie ist für Pelluchon dasjenige politische Modell, das ein Zusammenleben ermöglicht, in dem das Selbst- und Weltverhältnis der Hoffnung am ehesten gelebt werden kann. In der

Demokratie kann Individualität gelebt werden, weil Vielfalt respektiert wird, aber nicht zu einer bloßen »Jeder-für-sich«-Haltung führt. Es geht darum, Erfahrungen auszutauschen, im Diskurs ein Gemeinwohl aufzubauen und zu pflegen (87). All dies, so Pelluchon, kann aber nur gelingen, wenn Menschen von einer gemeinsamen Zukunftsvision motiviert werden. Nur eine solche gemeinsame Perspektive kann Bürgerinnen und Bürger zusammenführen, ohne auf ein Freund-Feind-Schema angewiesen zu sein. Letztlich ist das Funktionieren einer Demokratie abhängig von einer gemeinsamen, positiven Zukunftsvorstellung. »Die Gesundheit der Demokratie hängt also von der Hoffnung ab« (87).

Der Erfolg ihres Essays zeigt, dass Corine Pelluchon offenbar eine Fragestellung gefunden und einen Ton getroffen hat, der das Lebensgefühl vieler Menschen heute anspricht. Wie kann ich leben angesichts der bedrohlichen Realitäten? Wie kann ich leben, wenn ich weder das Bedrohliche verdrängen noch verzweifeln will? Sie sucht nach einer *geläuterten Hoffnung*, nach einem dritten Weg zwischen Resignation und Radikalisierung. Sie greift die Sehnsucht nach einer Spiritualität auf, die Freiheit lässt, den je eigenen Weg zu finden, um die Kraft zu entdecken, die stärker ist als die Verzweiflung.

Die Kraft der Hoffnung – über den Zeitgeist hinaus

Jürgen Moltmanns *Theologie der Hoffnung* war in den 1960er Jahren ein großer Wurf. Das ist unbestritten. Sie zählt zu den bedeutendsten und wirkmächtigsten Werken der evangelischen Theologie des 20. Jahrhunderts. Mehrere Generationen von Theologinnen und Theologen hat sie geprägt, weit über Deutschland hinaus. Parallel zum *Aggiornamento*, zum Update des Kirchenverständnisses im Raum der römisch-katholischen Kirche durch das Zweite Vatikanische Konzil (1962–1965), wirkte seine Theologie als Türöffner zu einer bewussteren Wahrnehmung der gesellschaftlichen und politischen Verantwortung der Christenheit.

Heute aber ist die Frühlingszeit der Hoffnung Geschichte. Der Resonanzboden der 1960er Jahre ist verloren gegangen. Heute hat die Desillusionierung ihre große Zeit: *Wir wollen eure Hoffnung nicht! Wir wollen eure Ideale nicht!* Es stellt sich deshalb heute die ernsthafte Frage, ob die *Theologie der Hoffnung* zwar ihre ehrenwerte Zeit gehabt hat, aber auch sehr zeitbedingt war und deshalb *nur* ein Kind ihrer Zeit war. Muss sie deshalb heute zwangsläufig auch der Desillusionierung anheimfallen?

Zu diesem Schluss mag kommen, wer die drei großen Hauptwerke Jürgen Moltmanns der 1960er und 1970er Jahre, seine »Trilogie« – *Theologie der Hoffnung* (1964), *Der gekreuzigte Gott* (1972) und *Kirche in der Kraft des Geistes* (1975) – lediglich auf die damals aktuellen, gesellschaftlichen und politischen Konkretionen abklopft, die der Autor seinen theologischen Überlegungen hinzufügte – ein Schicksal, das vielen theologischen Texten widerfährt. Wer allerdings danach fragt, wo in der Trilogie Moltmanns der theologische Ansatz liegt, der damals die Kraft der Hoffnung freigesetzt hat, der kann kritisch weiterfragen, ob dieser Ansatz über die zeitgeschichtliche Wirkung hinaus auch heute, in völlig veränderten Zeiten, diese Kraft neu und anders zur Geltung bringen kann.

Auf den ersten Blick sieht dies nicht so aus. Denn das zentrale Thema der *Theologie der Hoffnung* weckt eher die Befürchtung, dass die Zeit inzwischen weit über den damaligen Ansatz hinweggeschritten ist. Das zentrale Thema war die Eschatologie, die *Lehre von den letzten Dingen*. Die besondere theologische Leistung Jürgen Moltmanns war es, dass er die traditionelle Beschränkung dieser Lehre auf das Jenseitige, auf das Leben nach dem Tode, aufgebrochen hat. Ganz im Sinne des Jesuswortes »Das Reich Gottes ist mitten unter euch!« oder des paulinischen *Schon-jetzt* und *Noch-nicht*, machte er die Wirkung des Reiches Gottes in der gegenwärtigen Welt stark. Dieser theologische Ansatz fand zur Zeit der Trilogie einen starken Resonanzboden in den vielfältigen Hoffnungen und Aufbrüchen der damaligen Zeit. Dieser Resonanzboden existiert heute nicht mehr. Im Gegenteil. Heute findet ein ganz anderes *Denken vom Ende her* seinen wirkungsmächtigen Resonanzboden: dystopisches Denken. Die Zukunft ist ein schlechter Ort (griechisch *dys*: schlecht, *topos*: Ort). Dystopische Erzählungen statt hoffnungsstarker Utopien treffen heute das Zeitgefühl. Sie beschreiben das Gegenteil der Utopie einer besseren, gerechteren, friedlichen Zukunft. Sie beschreiben eine fiktive zukünftige Gesellschaft, geprägt von totalitärer Herrschaft, Ungleichheit, Unterdrückung, Umweltzerstörung. Sie wollen warnen, um Kräfte zu mobilisieren, die sich bewusst gegen diese destruktiven Entwicklungen stemmen. Dystopische Texte finden heute ihren Resonanzboden in den realen Zukunftsängsten, die die Menschen umtreiben. Nicht Verheißungen einer guten Zukunft, sondern die Drohungen einer katastrophalen Zukunft sollen zum Handeln motivieren.[12]

Um die Bedeutung der *Theologie der Hoffnung* für die Gegenwart zu erkennen, muss ein anderes theologisches Thema, das Jürgen Moltmann in seiner Trilogie stark gemacht hat, herausgearbeitet werden. Es ist der Impuls, den er für ein neues Verständnis des Heiligen Geistes

[12] Vgl. Isabella Hermann, Zukunft ohne Angst. Wie Anti-Dystopien neue Perspektiven eröffnen, München 2025. – Die Politologin Isabella Hermann, Mitglied des Vorstands der Stiftung Zukunft Berlin, setzt dem dystopischen Denken dankenswerterweise ein anti-dystopischen Denken entgegen und sucht in der Science-Fiction-Literatur der Gegenwart nach hoffnungsstärkenden Elementen.

gegeben hat. Dieser Impuls wurde damals kaum beachtet. Allenfalls am Rande wurde zur Kenntnis genommen, dass er die Beziehung zwischen dem auferstandenen Christus und dem Wirken des Heiligen Geistes prägnant beschrieben hat. Was später in der theologischen Diskussion als neue *Geist-Christologie* bezeichnet wurde, ist aber *in nuce* bereits in der *Theologie der Hoffnung* enthalten. Es war – und das ist die Annahme, die nun im weiteren Verlauf entfaltet werden soll – gerade dieser Impuls, der nachhaltige Bedeutung hatte. Er wurde von Michael Welker entscheidend weitergeführt und kann heute helfen, eine von Illusionen befreite, realistische Hoffnung neu zu entdecken.

II Unterwegs zu einer realistischen *Theologie der Zuversicht*

I.1 HOFFNUNG AUS DEM GEIST DER AUFERSTEHUNG – JÜRGEN MOLTMANNS GEIST-CHRISTOLOGISCHER IMPULS

Wo Hoffnung entsteht

Jürgen Moltmann ist in der Kriegsgefangenschaft zum Theologen geworden.[13] Als 17-jähriger Luftwaffenhelfer hatte er im Juli 1943 beim Angriff der Royal Air Force auf seine Heimatstadt Bremen erlebt, wie neben ihm ein Freund von einer Bombe zerrissen wurde. In englischer Kriegsgefangenschaft wurde er mit Fotos aus den Konzentrationslagern Bergen-Belsen und Auschwitz konfrontiert. Rückblickend hat Moltmann geschildert, wie er in dieser Phase seines Lebens die Bibel entdeckte. Die Klagepsalmen verliehen seinem Entsetzen und seiner Scham Sprache, so etwa Worte des Psalms 39: »Ich bin verstummt und muss mein Leid in mich fressen [...] schweige nicht zu meinen Tränen.«[14] Bei der Lektüre der Darstellung des Leidens Jesu Christi im Markus-Evangelium wurde Moltmann von einer großen Hoffnung ergriffen. Diese Kraft der Hoffnung zu verstehen und sie zu vermitteln – das war von nun an die Aufgabe, der er sein gesamtes Lebenswerk widmete. Dass Jürgen Moltmann in einer Phase tiefer Verunsicherung und existentieller Betroffenheit die Kraft der Hoffnung ent-

---

[13] Ich folge im Folgenden meiner Darstellung der TdH: Markus Dröge, Jürgen Moltmann. Theologie der Hoffnung, in: Christian Danz (Hg.): Kanon der Theologie. 45 Schlüsseltexte im Portrait, WBH, Darmstadt, 2009, 2. Auflage 2010, 302–310.

[14] Jürgen Moltmann, Weiter Raum. Eine Lebensgeschichte, Gütersloh 2006, 41.

deckt und erfahren hat, führt auf die Spur der vorliegenden Fragestellung: Welcher theologische Ansatz ist in seinem Werk zu finden, um die Kraft der Hoffnung zu verstehen? Es ist von zentraler Bedeutung, dass Ansatz und Mitte der *Theologie der Hoffnung* eng mit dem geschilderten biographischen Schlüsselerlebnis zusammenhängen.

Im Jahr 1964 war Moltmann 38 Jahre alt. Er war ein Jahr zuvor als Professor für Systematische Theologie und Sozialethik an die Bonner Universität berufen worden. Davor hatte er als Gemeindepfarrer in einem Dorf bei Bremen Dienst getan und war anschließend im Frühjahr 1958 als Professor an die Kirchliche Hochschule in Wuppertal berufen worden. Die Vorlesung, der das Buch *Theologie der Hoffnung* zugrunde liegt, hat er sowohl in Wuppertal als auch in Bonn gehalten. Sie ist im Gegenüber zu Ernst Blochs Philosophie entstanden. Moltmann hatte Bloch anlässlich eines Vortrags im Jahr 1959 in Wuppertal kennengelernt. Dessen Prinzip Hoffnung las er im Urlaub 1960. Fasziniert war er nicht so sehr vom Neomarxismus des Autors, vielmehr von dessen jüdisch-christlichem Messianismus. Diesen Ansatz verband er nun mit seinen bisherigen theologischen Forschungserkenntnissen. Sein Ziel war es nicht, Ernst Blochs Philosophie zu »taufen«, wie Karl Barth leicht ironisch vermerkte. Vielmehr wollte er eine »theologische Parallelhandlung« in der christlichen Theologie vollführen, um die ursprünglich christliche Hoffnung wieder heimzuführen.[15] Das Ziel hat er selbst wie folgt beschrieben: Es gehe ihm darum, die christliche Trias von Glaube, Hoffnung und Liebe zu vervollständigen. Nachdem die mittelalterliche Theologie die Liebe (*caritas*) betont habe und die Reformation den Glauben, sei es nun an der Zeit, die Hoffnung neu zu entdecken und zu erfahren. »Ich wollte

[15] Jürgen Moltmann, Erfahrungen theologischen Denkens, Gütersloh 1999, 90.

nicht nur eine Theologie *über* die Hoffnung, sondern eine Theologie *aus* der Hoffnung« schreiben.[16]

Das Konzept der Trilogie Jürgen Moltmanns

Die evangelische Theologie hatte bis dato noch völlig unter dem Einfluss der beiden großen Antipoden Karl Barth und Rudolf Bultmann gestanden. Und das vielfach gepflegte Erbe der Barmer Theologischen Erklärung aus dem Jahr 1934 drohte zur »Barmen-Orthodoxie« zu erstarren. Es war ihm bewusst geworden, dass die strenge Konzentration der Dialektischen Theologie auf Jesus Christus zentral wichtig war und blieb. Die Erfahrungen der Bekennenden Kirche hatten ja gezeigt, dass genau diese Konzentration die Stärke und die Bekenntniskraft der christlichen Theologie ausmacht. Aber allein mit dieser christologischen Fokussierung wurde noch keine zukunftsweisende Theologie ermöglicht. Wie konnte es gelingen, einerseits im Sinne der Dialektischen Theologie »bei der Sache« zu bleiben, aber andererseits auch den weiten Horizont der vielfältigen Herausforderungen des politischen und gesellschaftlichen Lebens in den Blick zu nehmen?

Moltmann war daran interessiert, die Erkenntnisse der bibelwissenschaftlichen Forschung mit systematisch-theologischen und philosophischen Fragestellungen zu verbinden. Dieser weite Blick, verbunden mit einer klaren Fragestellung, macht den Reiz seines Ansatzes aus. Seine wissenschaftlich gewonnenen Einsichten werden für die christliche Existenz mit ihren aktuellen Herausforderungen fruchtbar gemacht. Die Verbindung dieser Perspektiven führte dazu, dass sein Buch eine solch breite öffentliche Aufmerksamkeit erfuhr. Dabei hatte er das Werk als eine fachwissenschaftliche Spezialunter-

[16] Ebd.

suchung zu der Frage, wie sich »Verheißung und Geschichte« zueinander verhalten, verstanden. Auf diese Fragestellung war er durch die Forschungen der Alttestamentler Gerhard von Rad, Walther Zimmerli, Hans Walter Wolff und Hans-Joachim Kraus sowie des Systematischen Theologen Wolfhart Pannenberg gestoßen. All diese Theologen vereint die Haltung, historische Bibelforschung, entfaltete Glaubenslehre und Mitverantwortung für das kirchliche Leben zu verbinden. Nicht nur die *Theologie der Hoffnung*, sondern auch die beiden folgenden größeren Monographien Moltmanns *Der gekreuzigte Gott* (1972)[17] und *Kirche in der Kraft des Geistes* (1975)[18] sind so aufgebaut, dass bibelwissenschaftliche Forschung und systematische Reflexion jeweils in konkrete Vorschläge für die Gestaltung des christlichen Lebens und der christlichen Kirche münden. Diese ersten drei Hauptwerke werden als seine »Programmschriften« bezeichnet oder auch als seine »Trilogie«. Seine weiteren Bücher haben einen anderen Anspruch. Sie führen die Konzeption der Trilogie nicht weiter. Es sind Beiträge zu bestimmten theologischen Fachthemen. Es macht deshalb Sinn, sich für die Fragestellung nach dem theologischen Ansatz, der die Hoffnungsdynamik freisetzt, auf die Trilogie zu beschränken.

Wie offenbart sich Gott?

Wie kann es gelingen, die Kraft der Hoffnung, die von Jesus Christus, dem Gekreuzigten und Auferstandenen

---

[17] Jürgen Moltmann, Der gekreuzigte Gott. Das Kreuz Christi als Grund und Kritik christlicher Theologie, München 1972, 6. Auflage Gütersloh 1993. (Im Folgenden: gG. Ich zitiere aus der 6. Auflage.)

[18] Jürgen Moltmann, Kirche in der Kraft des Geistes. Ein Beitrag zur messianischen Ekklesiologie, München 1975, 2. Auflage 1989. (Im Folgenden: KKG. Ich zitiere aus der 2. Auflage.)

ausgeht, zu verstehen und zu vermitteln? Moltmann setzt sehr grundsätzlich an. Wer davon ausgeht, dass Gottes Kraft in dieser Welt wirksam sein kann, muss zunächst die Frage klären, wie Gott überhaupt in dieser Welt wirken kann. Moltmann entfaltet deshalb, nach einer ausführlichen theologiegeschichtlichen Einordnung seines Themas, sein Verständnis von »Offenbarung«. Er bringt dabei die Erkenntnisse ein, die er aus den Diskursen über »Verheißung und Geschichte« gewonnen hatte.

Moltmann sucht nach einem Verständnis von Offenbarung, das nicht nur Raum bietet für die Vermittlung des rechtfertigenden Glaubens, sondern auch dafür, dass der Mensch sich an den Verheißungen Gottes orientieren kann, um in dieser Welt im Sinne des Reiches Gottes wirksam zu werden. Dazu stellt er idealtypisch ein Verständnis von »Epiphanienreligion« dem »Verheißungsglauben« gegenüber. Epiphanienreligion sehnt sich nach der Erscheinung des ewigen Gottes im Moment der Gegenwart. Verheißungsglauben hofft auf die Verwirklichung der Zusagen Gottes für eine gerechte, friedliche und lebenswerte Welt. Die gesamte Geschichte Israels, so Moltmann, kann verstanden werden als der Kampf des Verheißungsglaubens gegen eine »Epiphanienfrömmigkeit« (TdH, 88). Gegen die Epiphanienfrömmigkeit spricht, dass Gott gemäß dem Zeugnis der Bibel nie nur punktuell auftauchen will, um den Menschen für eine kleine heilige Zeit den Realitäten dieser Welt zu entreißen und ihn für eine begrenzte, besondere Zeit mit dem Geschmack der Ewigkeit zu verzaubern. Gott will vielmehr seine Treue zur Welt durch das Wort der Verheißung erweisen (TdH, 92f). Er spricht den Menschen an, indem er ihm zusagt, ihn in seiner Sehnsucht nach Frieden und Gerechtigkeit, nach Leben und Überwindung von Leiden zu bestärken und ihn dabei zu unterstützen, wenn er für diese Ziele – im Auftrage Gottes und im Sinne des Reiches Gottes – kämpft.

Durch die Kraft, die diese ebenso tröstenden wie Orientierung gebenden Worte der Verheißung vermitteln, kommt immer wieder neu ein Element der Unruhe in die Geschichte. Die deprimierende Annahme, dass der Lauf der Geschichte ohnehin nicht aufzuhalten ist, einer Geschichte, die geprägt ist von der Durchsetzungsmacht des Stärkeren, den Siegen der Brutalen, dem frechen Auftrumpfen der Lüge – diese deprimierende Annahme wird hinterfragt: Wer sagt denn, dass es immer so sein und bleiben wird? Mit dieser Annahme würde den destruktiven Mächten Recht gegeben und es würde ihnen im vorauseilenden Gehorsam gedient. Alles liegt daran, dass nicht ein festgefügtes Geschichtsverständnis dem lebendigen Verheißungswort übergeordnet und ihm damit die erneuernde Kraft geraubt wird. Das Verheißungswort muss vielmehr immer neu verhindern, dass sich ein deprimierendes und jede Hoffnung zerstörendes Verständnis von Geschichte einschleift (TdH, 100f). Nur so kann Gott angemessen verstanden werden, der sich selbst in seiner Macht »inmitten der werdenden, offenen und auf das Spiel der Verheißungen gesetzten Geschichte« offenbaren will (TdH, 106). Der Verstand darf sich dabei nicht allein auf das Vorfindliche verlassen, sondern muss die Möglichkeiten, die die Verheißungen eröffnen, erkennen. Er muss den Mut haben, an diesen Möglichkeiten festzuhalten und sich »in einen aufweisbaren Widerspruch zur geschichtlichen Wirklichkeit« zu stellen (TdH, 107). Dazu aber braucht der glaubende Mensch die Kraft der Hoffnung.

Auf den Weg der Hoffnung gestellt

Nachdem Moltmann sein Offenbarungsverständnis geklärt hat, entfaltet er das Verständnis Jesu Christi (Christologie) und des von ihm ausgehenden Heils (Soteriologie) in biblisch begründeter und dennoch überraschend neuer Weise. Die Grundthese lautet: Das Geschehen von Kreuz und Auferstehung Jesu Christi ist die Tat Gottes, mit der Gott seine Verheißungen, die zunächst nur Israel gegolten haben, universal in Kraft setzt. Das heißt: Was bisher Israel allein zugesprochen wurde, gilt nun allen Völkern. Dabei bleibt aber der Inhalt der Verheißungen gleich. Neu ist lediglich ihre Ausweitung und Bekräftigung. Im »Gotteswort in Christus« sind Evangelium und Verheißung eins geworden. Das rechtfertigende Evangelium und die Orientierungskraft der Verheißungen sind hier miteinander verknüpft. Kreuz und Auferstehung sind gleichsam ein Kraftraum, in dem die befreiende Kraft des Evangeliums und die Hoffnungskraft, in dieser Welt etwas zum Guten verändern zu können, verbunden sind. Die Erfüllung der Verheißungen ist nun zwar unumstößlich (TdH, 133). Weil das Heil aber noch nicht vollständig erfüllt ist, müssen die Glaubenden in der »Kraft des Geistes, der Christus von den Toten auferweckt hat, [...] gehorsam das Leiden der Nachfolge auf sich nehmen« (TdH, 146).

Mit Kreuz und Auferstehung ist ein neuer »eschatologisch bestimmter Geschichtsprozess in Gang gekommen« (TdH, 148). Dieser Prozess erfordert ein neues Wirklichkeitsverständnis und ein neues Verständnis von Geschichte. Ein rein auf das Selbstverständnis des Glaubenden abzielendes, existentialistisches Verständnis des Ostergeschehens greift zu kurz, weil es die Wirklichkeit der Auferstehung »von einem Geschehen an dem gekreuzigten Jesus zu einem Geschehen an der Existenz der Jünger« reduziert (TdH, 169). Eine Lehre von Christus, die der Wirklichkeit der Auferstehung angemessen Rechnung trägt, beschreibt nicht nur, wie die Jüngerinnen und Jünger Christus den Gekreuzigten neu als den Auferstandenen erkennen und daraufhin ihr eigenes Leben völlig neu verstehen. Sie muss auch darlegen, dass der Auferstandene ihnen ein Grundverständnis davon vermittelt, wie er in der Kraft des Geistes durch sie die Welt verändern will. Moltmann prägt dafür die Formulierung »Tendenzen der Zukunft Christi«. Er definiert diese Formulierung nicht näher, sie bleibt schillernd. Der Wortbedeutung nach bedeutet Tendenz (von lateinisch *tendere*, nach etwas streben, sich bemühen), »sich kurz- oder langfristig in eine bestimmte Richtung hin(zu)entwickeln«[19]. Gemeint also ist: Die Grundrichtung ist erkennbar, in der sich Gottes Wirken durch den Geist in der Welt vollzieht. Das biblische Zeugnis vom auferstandenen Christus vermittelt nicht nur ein punktuelles Faktum, nicht nur eine außergewöhnliche Handlung Gottes am gekreuzigten und begrabenen Jesus von Nazareth – das auch! Im Anschauen und Erkennen des Gekreuzigten und Auferstandenen, vermittelt durch das neutestamentliche Zeugnis, wird den Glaubenden aber auch eine »Tendenzkunde der Auferweckung und Zukunft Christi« an die Hand gegeben (TdH, 177). In der Wahrnehmung der dialektischen Identität von Kreuz und Auferstehung Jesu Christi bekommen sie den Geist vermittelt, der sie in die »Tendenzen der Zukunft Christi« hineinstellt. Damit werden sie auf den Weg der Nachfolge gestellt. Dieser Weg ist zwar unvermeidbar immer wieder ein Leidensweg. Er ist aber doch von der Hoffnung geprägt, dass sich die Verheißungen Gottes letztlich erfüllen werden.

Um den »Tendenzen der Zukunft Christi« ein inhaltliches Profil zu geben, beschreibt Moltmann die Zielpunkte, auf die diese Tendenzen ausgerichtet sind, mit den neutestamentlichen Begriffen der »Gerechtigkeit« im paulinischen Sinne, des »Lebens« in johanneischem Sinne und des »Reiches Gottes« im Sinne der Synoptiker. Moltmann definiert diese Begriffe nicht näher. Sein Ansatz muss vielmehr als eine Einladung verstanden werden, durch die Lektüre der Paulusbriefe näher zu erkunden,

[19] Wikipedia, Art. Tendenz. (Abgerufen am 18.11.2025.)

auf welches Verständnis von »Gerechtigkeit« die Zukunft Christi zielt, durch die Lektüre des Johannes-Evangeliums das Verständnis von »Leben« und durch die Lektüre der Synoptiker das Verständnis des »Reiches Gottes« tiefer zu erkunden.

Die Vielfalt des Geistes

Seit Jürgen Moltmann in der Gefangenschaft erlebt hatte, dass gegen allen Anschein und allem menschlichen Ermessen zum Trotz Hoffnung als eine rettende, aufbauende und orientierende Lebenskraft erfahrbar werden kann, war er motiviert, diese »Kraft der Hoffnung« näher zu verstehen. Wo entsteht sie? Wie entsteht sie? Wie wirkt sie? Wie lässt sie sich vermitteln? Sein Offenbarungsverständnis ist deutlich von seiner eigenen Gotteserfahrung geprägt. Die »Tendenzen der Zukunft Christi« beschreiben, welche grundlegenden Orientierungen der Ruf in die Nachfolge Christi vermittelt.

Auf welche Kraft aber darf ich vertrauen, wenn ich dem Ruf folgen und den Weg der Hoffnung suchen will? Die vielfältige Art, wie der Geist Gottes wirkt, wird in der *Trilogie* mit besonderen Begriffen beschrieben. Sie werden von Moltmann zwar nicht definitorisch eingeführt. Sie werden vielmehr im Laufe der theologischen Argumentation nach und nach entwickelt. Systematisch dargestellt ergibt sich folgendes begriffliche Spektrum, mit dem Jürgen Moltmann die Wirksamkeit des Geistes beschreibt:[20]

---

[20] Ich beziehe mich im Folgenden auf die Analysen der Geistbegriffe in der Trilogie Moltmanns in meiner Dissertation: Markus Dröge, Kirche in der Vielfalt des Geistes. Die christologische und pneumatologische Begründung der Kirche bei Jürgen Moltmann, Neukirchen-Vluyn 2000. Zu TdH: 96-108; zu gG: 140-148; zu KKG: 167-175. (Im Folgenden: Dröge, Kirche.)

Die Macht des Geistes – Gottes Möglichkeit, Verheißungen zu erfüllen

Von der *Macht* des Geistes spricht Jürgen Moltmann im Zusammenhang der grundsätzlichen Frage, wie Gott sich offenbart. Gott offenbart sich dadurch, dass Menschen in seinem Namen das Wort ergreifen, seinen Anspruch zur Geltung bringen, seinen Namen bekannt machen, seine Herrschaft proklamieren. All dies sind »Machterweise« Gottes, mit denen er sich geschichtlich erfahrbar macht. Durch die Auferstehung Jesu Christi bekommt diese Macht ein besonderes Profil: Zwar hat Gott sich schon in der Geschichte Israels auf vielfältige Weise als *mächtig* gezeigt und geschichtlich erfahrbar gemacht, in der »treuen und mächtigen Erfüllung seiner Verheißungen« (TdH, 197). In der Auferweckung Jesu aber hat Gott gezeigt, dass er die Macht hat, Tote aufzuwecken. Ostern zeigt die »Schöpfermacht Gottes am Nichtseienden« (TdH, 179). Wenn Gott aber diese Macht hat, dann besteht grundsätzlich die Möglichkeit, dass Verheißungen sich erfüllen. Und die Fülle der Verheißungen an Israel kann dann als der Raum voller Möglichkeiten verstanden werden, die in der Geschichte realisiert werden können – dann, wenn Gott sich offenbart.

Dieses von der Auferstehung geprägte Verständnis der Macht Gottes findet seinen Gegenpol in der *Ohnmacht* Christi am Kreuz, die Moltmann in dem zweiten Buch seiner Trilogie, *Der gekreuzigte Gott*, näher beschreibt. »Mein Gott, mein Gott, warum hast du mich verlassen?« – Das Leiden daran, dass Verheißungen sich nicht erfüllen, dass Gewalt nicht überwunden wird, Versöhnung ausbleibt, Leben mutwillig zerstört wird, dass statt der Erfahrung befreiender Macht, tiefste Ohnmacht erfahren wird – all dies wird repräsentiert im Leidensweg Christi. Moltmann beschreibt in seiner Kreuzestheologie allerdings pointiert, dass Gott auch in diesem Geschehen präsent ist. Er offenbart sich *im Gegenteil*, »durch seine

Ohnmacht und sein Sterben« (gG, 182). Dies erschließt sich allerdings nur denjenigen, die bereits im Kreuz die Perspektive der Auferstehung entdecken, die in allem Leiden an den Verheißungen festhalten. Die Verheißungen sprechen in scheinbar völlig hoffnungslose Situationen die Möglichkeiten hinein, dass Gott neu seine Macht erweisen wird. Ja, er wird die Ohnmacht des Leidens durch seine Schöpfermacht überwinden! Die für den menschlichen Verstand geradezu rätselhafte Offenbarung Gottes im Gegenteil – der mächtige Gott zeigt sich im Leiden! – wird wieder umschlagen in eine Offenbarung, in der Gott sich durch die – machtvolle! – Verwirklichung seiner Verheißung zeigen wird. Der Begriff der *Macht* Gottes umschließt also die Spannung von den vielfältigen – mitunter im Gegenteil verborgenen – Möglichkeiten der Verheißungen bis hin zu ihren Verwirklichungen.

Die Predigt Martin Luther Kings im Angesicht der festbetonierten Berliner Mauer wäre im Sinne der *Theologie der Hoffnung* eine Anrufung der *Macht* Gottes. Die in der Predigt verkündete Verheißung, dass keine Mauer zwischen Menschen Bestand haben kann, weil Gottes Kinder auf beiden Seiten leben, zeigt das Vertrauen Martin Luther Kings in einer völlig ohnmächtigen Situation. Gott kann verhärtete Situationen aufbrechen! Sein Wort bringt Unruhe in die Geschichte, die nach menschlichem Ermessen unabänderlich ihren weiteren Verlauf nehmen wird – ohne irgendeine Wendung zum Guten. Und wenn Corine Pelluchon von einem »dritten Auge« spricht, mit dem wir nach einer oberflächlichen Betrachtung und nachdem wir ungeschminkt eine erschreckende Gegenwart wahrgenommen haben, dann tiefer blicken können – allerdings nur, wenn wir bereit sind, aufmerksam zu sein für das Unerwartete – dann ist dies im Sinne Moltmanns ein Warten und Vertrauen auf die *Macht* Gottes.

Die Kraft des Geistes – Gottes Fähigkeit, Verheißungen in der Geschichte zu verwirklichen

Der Begriff der *Kraft* ist ganz auf die Realisierung der Verheißungen ausgerichtet. Ging es beim *Macht*-Begriff um das Offenhalten der Möglichkeiten Gottes, so geht es beim *Kraft*-Begriff um die Verwirklichung der Verheißungen. Eine Verheißung enthält die Kraft, die ihr eine Erfüllung ermöglicht, dies ist die »Kraft der Verheißung«. Sie drängt gleichsam danach, erfüllt zu werden. Und wenn diese Erfüllung stattfindet, dann ist die Verheißung *in-Kraft-gesetzt.* Dieser Gedanke ermöglicht es, ja verlangt es, eine unerfüllte Verheißung nicht abzuschreiben, aufzugeben oder als widerlegt zu betrachten. Sie bleibt auch als unerfüllte Verheißung latent wirksam, behält ihre Dynamik, die auf Verwirklichung dringt. Mit der in ihr enthaltenen Kraft ermöglicht sie es, Hoffnung auch gegen den Trend und wider den Augenschein zu bewahren. Im Buch *Der gekreuzigte Gott* wird dies noch profilierter dargelegt: Das Kreuz offenbart die *Kraft des Leidens und Sterbens Jesu.* Es ist die Kraft, von der Paulus schreibt, dass sie sich in der Schwachheit vollendet (2. Korinther 12,9). Es ist die Spannkraft, die es ermöglicht, das Kreuz in der Perspektive der Auferstehung zu sehen. Und das bedeutet, im Leiden auszuhalten und weiterhin auf die Verheißungen zu vertrauen, in der Ohnmacht nicht zu verzweifeln, sondern weiterhin die Offenbarung der Macht Gottes zu erwarten. Wenn ich das Wort der Verheißung höre, vermittelt diese Verheißung mir ihre Kraft, und diese Kraft motiviert mich, wider allen Anschein an der Möglichkeit festzuhalten, dass Leiden überwunden wird, Gerechtigkeit sich durchsetzt, Versöhnung geschehen kann.

Die Worte Martin Luther Kings am 13. September 1964 im Angesicht der Berliner Mauer veranschaulichen diese Kraft der Verheißung. Die Kraft seiner Worte motivierte damals die Berlinerinnen und Berliner, die Hoffnung nicht aufzugeben, dass die Mauer fallen kann, weil diesseits und jenseits dieser Mauer Gottes Kinder leben. Bis zum Fall der Mauer war diese unerfüllte Verheißung latent wirksam. Die Kraft der Verheißung wurde schließlich geschichtlich wirksam in und durch die vielen Menschen, die sich in der Friedlichen Revolution für Bürgerrechte und für Freiheit einsetzten. Im Sinne der Theologie Jürgen Moltmanns war es die Kraft des Geistes, die schließlich die Mauer zu Fall brachte. Und wenn im Hoffnungs-Verständnis von Corine Pelluchon Menschen es nur einmal erlebt haben, dass das Leben über die Verzweiflung siegt, dann sind sie anschließend – im Sinne des Moltmann'schen Geistverständnisses – in der *Kraft des Geistes* sensibilisiert und motiviert, dem Guten zum Sieg zu verhelfen und so Hoffnung in die Welt zu tragen.

Der Geist – die Lebenskraft der Auferstehung.
Der dritte Begriff, den Moltmann in spezifischer Weise füllt, ist der Begriff *Geist*. Er wird einerseits als Oberbegriff für alle Beschreibungen der Wirksamkeit der dritten Person Gottes (oder besser: der dritten Seins-Weise Gottes) verwendet, andererseits aber auch mit einem besonderen Profil. Sein besonderes Profil gewinnt der *Geist*-Begriff im Zusammenhang mit der Auferstehung Jesu. Hier ist er eng mit dem Geschehen der Auferweckung der Person Jesu verbunden. So, wie der *Kraft*-Begriff eng mit dem Kreuz Jesu verbunden ist und im Kreuz die Perspektive der Auferstehung präsent hält, so ist nun der *Geist*-Begriff eng mit dem Geschehen der Auferweckung und mit den Wirkungen der Auferweckung verbunden. Moltmann orientiert den Begriff an Römer 8,11: *Wenn aber der Geist dessen, der Jesus von den Toten auferweckt hat, in euch wohnt, so wird er, der Christus von den Toten auferweckt hat, auch eure sterblichen Leiber lebendig machen durch seinen Geist, der in euch wohnt.* Genau

in diesem Duktus wird in der *Theologie der Hoffnung* das Wirken des Geistes an Jesus und das Wirken der Auferstehung Jesu zugunsten der Glaubenden verbunden. Im Hintergrund steht der *Lebenshauch* aus Hesekiel 37, der in der Vision vom Totenfeld den Gebeinen neue Sehnen und neues Fleisch gibt und sie zum Leben erweckt – eine Verheißung für Israel: *Darum weissage und sprich zu ihnen: So spricht Gott der HERR: Siehe, ich will eure Gräber auftun und hole euch, mein Volk, aus euren Gräbern herauf und bringe euch ins Land Israel* (V. 12). Der Gekreuzigte wird durch den Geist zu neuem Leben erweckt und derselbe Geist lebt in den Glaubenden und erfüllt sie mit Leben. Was im Römerbrief nicht näher ausgeführt wird, beschreibt Moltmann so: Der Geist »entspringt« dem Auferstehungsgeschehen und wirkt fortan mit und in den bereits beschriebenen *Tendenzen der Zukunft Christi*. Diese sind also geistgewirkt, es sind die »Tendenzen des Geistes« (TdH, 193). Die Lebendigkeit der Glaubenden besteht also darin, dass der Geist sie immer neu aus dem Bereich des Todes und aller destruktiven Mächte befreit und auf den Weg der Hoffnung stellt. Sie werden auf ihrem Weg vom Geist begleitet, der sie beständig zur Hoffnung motiviert und auf die Ziele der Gerechtigkeit, der Freiheit und des Lebens ausrichtet.

Der Begriff des Geistes ist in der Theologie Moltmanns also eng mit dem spezifisch christlichen Verständnis der Hoffnung verbunden. Im christlichen Bekenntnis wird alles Leben aus dem Tod, alle Überwindung des Bösen, alle Wiedereinsetzung der Menschenwürde, alle Erfahrungen von Gerechtigkeit und Versöhnung mit der Auferstehung Jesu in Verbindung gebracht. Und es ist genau dieser Geist der Auferstehung, der in den Glaubenden selbst wirksam ist.

Die Kraft der Hoffnung verstehen und vermitteln – der spirituelle Impuls

Als die *Theologie der Hoffnung* erschien, war es zwanzig Jahre her, dass Moltmann als junger Mann in britischer Kriegsgefangenschaft bei der Lektüre des Markus-Evangeliums die Kraft der Hoffnung gespürt hatte. Diese Kraft zu verstehen und zu vermitteln war seit diesem spirituellen Erlebnis sein theologisches Anliegen. Mit der *Theologie der Hoffnung* hat er einen starken Impuls gegeben, der genau dies geleistet hat: Verstehen, wie der Geist wirkt, der die Hoffnung vermittelt. Neben der großen theologischen Leistung, die eine immense öffentliche Aufmerksamkeit erlangt hat, ist dieses Buch auch ein ganz persönliches Glaubenszeugnis. Ausdrücklich nimmt der Autor darin zwar nicht Bezug auf sein spirituelles Erlebnis, das ihn in jungen Jahren auf den Weg des Glaubens geführt hat. Rückblickend kann sein theologischer Ansatz aber durchaus so verstanden werden: Der Autor hat sich mit dem auseinandergesetzt, was er selbst erlebt hat. Sein Offenbarungsverständnis, sein Auferstehungsverständnis, sein Geistverständnis – alle diese theologischen Gedanken lassen sich gut vor dem Hintergrund seines spirituellen Erlebnisses begreifen: Gott hat sich dem jungen Kriegsgefangenen offenbart – nicht »epiphanienreligiös« mit dem Geschenk heiliger Momente, die ihn aus dem tristen und trostlosen Alltag in Gefangenschaft herausgehoben hätten und all dies hätten vergessen lassen. Nein, seine Gotteserfahrung hat das Vertrauen in die Verheißungen Gottes in ihm geweckt. Er hat bei der Lektüre des Markus-Evangeliums gespürt, dass Hoffnung keine leere Illusion ist. Hoffnung lebt aus dem Geist der Auferstehung Jesu. Und diese Kraft ist real erfahrbar. Sie reißt diejenigen, die ihr vertrauen, nicht aus den Lebenszusammenhängen heraus, sondern stellt die Glaubenden in der Welt, wie sie ist, auf einen

Weg, der eine Zielrichtung hat: Gerechtigkeit, Versöhnung, Frieden. Glaubende sehen die Welt zwar schonungslos so, wie sie ist, sie träumen aber nicht davon, von dieser Welt befreit zu werden. Sie spüren vielmehr die Kraft, die sie hoffen lässt, dass diese Welt anders sein kann und sein wird und dass es Sinn macht, sich dafür einzusetzen. In seiner Theologie breitet Moltmann dann den Fächer der Wirkweisen des Geistes Gottes aus: Gottes Geist ist die Macht der unbegrenzten Möglichkeiten, die Macht, die immer wieder daran erinnert, dass das, was ist, nicht so sein muss, wie es gerade jetzt ist. Gott, der Christus von den Toten auferweckt hat, ist so mächtig, dass er seine Verheißungen erfüllen kann, auch da, wo Menschen sich ohnmächtig fühlen und alle Hoffnung verloren haben. Der Geist Gottes wirkt aber auch als Geistes-Kraft, die die Verheißungen tatsächlich realisiert. Wo Gerechtigkeit sich durchsetzt, Versöhnung möglich wird, Frieden gelingt und das Leben sich entfalten kann, da ist es die Kraft Gottes, die all dies bewirkt. Und dort, wo Menschen dies alles in erschreckender Weise *nicht* erleben, da hält die Geistes-Kraft die Verheißungen lebendig, gleichsam als Verheißungen im Wartestand. Und sie schenkt denen, die sehnsuchtsvoll auf die Verheißungen hoffen, die Kraft, im Leiden die Hoffnung nicht zu verlieren. Die Glaubenden können darauf vertrauen, dass der Geist, der Christus von den Toten auferweckt hat, auch ihnen ganz persönlich als Lebenskraft zur Verfügung steht: Er nimmt Wohnung in den Glaubenden, begleitet sie auf dem Weg der Nachfolge und stellt sie in die »Tendenzen der Zukunft Christi« – das heißt: Der Geist orientiert sie auf die Verheißungen der Gerechtigkeit, des Friedens und des erfüllten Lebens.

Auf dem Weg zu einer Geist-Christologie – der theologiegeschichtliche Impuls

Die *Theologie der Hoffnung* hat auch theologiegeschichtlich neue Perspektiven eröffnet. Auffällig ist das starke Interesse daran, die Darstellung der Bedeutung Jesu Christi mit dem Wirken des Geistes zu verbinden oder umgekehrt: den Geist, die dritte Person Gottes, von Jesus Christus her zu verstehen. Dies ist traditionellerweise in der sogenannten *westlichen Theologie*, im Vergleich zur orthodoxen Theologie der Ostkirche, kaum der Fall. Das Schlagwort von der »Geistvergessenheit« der westlichen Theologie bringt dies pointiert zum Ausdruck.[21]

Mit der bewussten Verbindung von Jesus Christus und dem Geist greift Jürgen Moltmann auf eine christologische Tradition zurück, die dogmengeschichtlich als »Geist-Christologie« bezeichnet wird. Erst später, in seinem Buch *Der Weg Jesu Christi*, wird Moltmann dann den Begriff »Geist-Christologie« ausdrücklich verwenden.[22] Dennoch ist eine solche Geist-Christologie auch schon in der *Theologie der Hoffnung* im Ansatz vorhanden.

Unter Geist-Christologie versteht man den denkerischen Versuch, die Person Jesu von Nazareth in der

---

[21] Der reformierte Schweizer Theologe Emil Brunner konstatiert 1951, dass der Heilige Geist „immer mehr oder weniger ein Stiefkind der Theologie und die Dynamik des Geistes ein Schreckgespenst für die Theologen" gewesen sei. Emil Brunner, Das Missverständnis der Kirche, Göttingen 1951, 55. – Nach Otto Alexander Dilschneider leidet die christliche Theologie an einer „akuten Geistvergessenheit". Die Theologie sei seit „Jahrhunderten einer christozentrischen Theologie des zweiten Artikels so verhaftet", dass darüber „das Pfingstereignis als Heilsfaktum in Vergessenheit" geraten ist. Otto Alexander Dilschneider, Der Geist führt in die Wahrheit, Evangelische Kommentare, 1973, Heft 6, 333.

[22] Jürgen Moltmann, Der Weg Jesu Christi. Christologie in messianischen Dimensionen, München 1989, 92f.

Tradition der alttestamentlichen Propheten als einen geisterfüllten Menschen zu beschreiben.[23] Das Neue Testament bietet dafür viele Anhaltspunkte: Jesus wurde empfangen durch den Heiligen Geist, bei der Taufe kam der Geist auf ihn herab, er wurde vom Geist in die Wüste geführt, der Geist drängt Jesus, sich von Galiläa nach Jerusalem aufzumachen, durch den »ewigen Geist« wird er motiviert, den Weg ans Kreuz zu gehen (Hebr. 9,14), der Geist erweckt ihn von den Toten in ein neues Leben. Die urchristlichen Gemeinden in Palästina, die noch ganz in der geistigen Welt des Judentums lebten, verstanden Jesus von Nazareth auf diese Weise als »Gottes Sohn«. Auch dieser Titel war ja bereits aus den Schriften der Thora bekannt: Er konnte auf einen erwarteten Nachfolger des Königs David bezogen werden: *Ich will für ihn Vater sein und er wird für mich Sohn sein*, so ein Gotteswort aus 2. Samuel 7,14. Und der erwartete Messias wird ebenfalls von Gott als »Sohn« eingesetzt: *Du bist mein Sohn. Heute habe ich dich gezeugt*, heißt es in Psalm 2. Die einzigartige Besonderheit Jesu wird in der frühen palästinischen Christologie dadurch zum Ausdruck gebracht, dass Jesus als vollständig mit dem Geist erfüllt gedacht wird.

Später, als die vom griechischen Denken inspirierte Logos-Christologie (Wort-Christologie) sich kirchlich durchsetzte, kam die frühe Geist-Christologie nicht nur in Vergessenheit, sie wurde auch als Irrlehre abgelehnt, da sie nicht in der Lage sei, die Einzigartigkeit Jesu und seine Göttlichkeit vollständig zum Ausdruck zu bringen. Die Logos-Christologie beschreibt Jesus Christus als das ewige Gotteswort, das auf die Erde hinabkam. Diese Logos-Christologie verdrängte die frühen, sehr ursprünglichen Vorstellungen der Geistbegabtheit Jesu. In der Geschichte der Dogmenbildung setzte sich die Auffas-

[23] Vgl. Dröge, Kirche, 30-38: Kapitel I.3 Zu den neuen ›Geist-Christologien‹.

sung durch, dass nur eine Theologie des von Gott gesandten ewigen Wortes in der Lage sei, Jesus Christus angemessen zu verstehen. Tatsache aber bleibt, dass die frühe Geist-Christologie sehr nahe am neutestamentlichen Zeugnis ist und dass die Einschätzung als Häresie durchaus kritisch betrachtet werden kann. Denn es gab ansehnliche Versuche, die Wort- und Geist-Christologie zusammenzudenken, wie etwa bei Paul von Samosata, der von 260 bis 272 Bischof von Antiochia war. Die Vorzüge der Geist-Christologien sind seit der Alten Kirche über Jahrhunderte in Vergessenheit geraten.

Theologiegeschichtlich ist der Impuls Jürgen Moltmanns, das Wirken des Geistes in seiner Bedeutung für die Person Jesu Christi neu und intensiv in den Blick zu nehmen, von großer Bedeutung. Das öffentliche Interesse an seiner *Theologie der Hoffnung* hat sich allerdings nie auf diesen Aspekt gerichtet. In der theologischen Fachwelt aber ist ein neues Interesse an der Geist-Christologie seit Ende der 1960er Jahre zu beobachten. Bedeutende Theologen wie Walter Kasper, Piet Schoonenberg oder Yves Congar haben geist-christologische Überlegungen angestellt, um zu verdeutlichen, dass wort- und geist-christologische Ansätze sich nicht widersprechen müssen. Und das bedeutet letztlich, dass die altkirchliche Einschätzung als Häresie kritisch aufgearbeitet werden müsste.

Im Kontext unserer Fragestellung ist die Wiederentdeckung der Geist-Christologie eminent wichtig, denn es liegt nahe, dass für das theologische Verständnis der Hoffnung die Aufmerksamkeit für den Geist von hoher Bedeutung ist. Die Theologie Jürgen Moltmanns hat großen Anteil daran, dass diese Aufmerksamkeit neu geweckt wurde.

II.2 WIE HOFFNUNG WIRKLICH WIRD – DIE GEIST-CHRISTOLOGIE MICHAEL WELKERS

Eine *realistische* Lehre vom Heiligen Geist

So wie Jürgen Moltmann verbindet auch Michael Welker den biblischen Bezug der Theologie mit systematisch-theologischer Reflexion und mit dem Interesse, die theologischen Erkenntnisse für das kirchliche und gesellschaftliche Leben fruchtbar zu machen. Seine frühen Forschungen über den Soziologen Niklas Luhmann und den Prozessphilosophen Alfred North Whitehead sowie vielfältige interdisziplinäre Forschungen haben es ihm von Beginn seiner Wirksamkeit an ermöglicht, theologische Erkenntnisse in die wissenschaftliche und gesellschaftliche Diskussion einzubringen. Den Impuls, den Jürgen Moltmann in die christologische Forschung eingebracht hat, hat Michael Welker in spezifischer Weise aufgenommen und weitergeführt. Mit seinem Werk *Gottes Geist* aus dem Jahr 1992, das inzwischen auf Deutsch in 7. Auflage erschienen ist und mit Übersetzungen in sechs Sprachen – Englisch, Italienisch, Koreanisch, Japanisch, Portugiesisch und Ungarisch – weltweit rezipiert worden ist, hat Michael Welker das biblische Geistverständnis weiter entfaltet.[24] Darin wird sowohl die alttestamentliche Entwicklung des Geistbegriffes als auch das neutestamentliche Verständnis der Geist-Christologie dargestellt. Besondere Aufmerksamkeit widmet Welker den Auferstehungsberichten des Neuen Testamentes mit der Fragestellung: Wie können wir die Wirklichkeit der Auferstehung begreifen? Dieser Punkt ist von zentraler Bedeutung, um nachvollziehen zu können, in welcher

---

[24] Michael Welker, Gottes Geist. Theologie des Heiligen Geistes, Neukirchen 1992, 7. Auflage Göttingen, 2022. (Im Folgenden: Welker, Gottes Geist. Seitenzahlen in Klammern beziehen sich im Folgenden auf die erste Auflage dieses Buches.)

Weise der auferstandene Christus durch den Geist wirkt. Welkers differenziertes Verständnis von »Schöpfung« macht es möglich, präziser zu bestimmen, wie Gott sich offenbart und wie er in dieser Welt heilsame und kreative Prozesse bewirkt. Schließlich hat Michael Welker in seiner ausgeführten Christologie, die im Jahr 2012 erschienen ist und den Titel *Gottes Offenbarung. Christologie*[25] trägt, die Art und Weise, wie der auferstandene Christus durch den Geist wirkt, mit einem theologiegeschichtlich und ökumenisch bewährten Ansatz systematisiert. Mit der Lehre vom »Dreifachen Amt Christi« kann entfaltet werden, wie Gott durch Jesus Christus heute handelt.

Hatte Jürgen Moltmann in seiner Trilogie mit seinen drei Begriffen Macht, Kraft und Geist gleichsam einen Fächer unterschiedlicher Wirkweisen aufgespannt, so geht Michael Welker einen Schritt weiter: Er vertieft das biblische Geistverständnis, indem er die internationale exegetische Forschung aufarbeitet. Er analysiert dieses Geistverständnis philosophisch und soziologisch und kann damit die Brücke in die Erfahrungswelt des heutigen Menschen schlagen. Es liegt ihm daran, eine »realistische« Lehre vom Heiligen Geist zu entwickeln. Das heißt, es geht darum, sowohl nachvollziehbare Begriffe zu formulieren als auch die mit diesen Begriffen umschriebene Wirklichkeit zu begreifen. Für die Frage, woher die Kraft der Hoffnung kommt und wie aus dieser Kraft heraus geglaubt, gelebt und gehandelt werden kann, ist eine solche »realistische« Lehre vom Heiligen Geist sehr wertvoll. Dies soll nun im Folgenden gezeigt werden.

---

[25] Michael Welker, Gottes Offenbarung. Christologie, Neukirchen, 2012, 3. Auflage 2016. (Im Folgenden: Welker, Gottes Offenbarung. Seitenzahlen in Klammern beziehen sich im Folgenden auf dieses Buch.)

Michael Welkers Werk *Gottes Geist* ist das derzeit wohl fundierteste und einflussreichste Buch über das Geistverständnis der Bibel. Der Titel ist schlicht: *Gottes Geist. Theologie des Heiligen Geistes.*

Zunächst eine knappe Skizze des biblischen Geistverständnisses, wie Michael Welker es in seinem Werk beschreibt:

Der Geist ist eine wirksame Kraft, die von außen auf den Menschen zukommt, ihn bewegt, erfüllt und antreibt. Das Wort, das in der hebräischen Bibel den Geist bezeichnet, bedeutet eigentlich Wind oder Hauch (*ruach*). Die Geistkraft ist also nicht nur die Macht der Schöpfung, mit der Gott die Natur und den Menschen ins Leben ruft, wie es im Buch Genesis beschrieben wird, als Gott bei der Erschaffung des Menschen dem Lehmklumpen die *ruach* einhaucht. Die *ruach* ist auch die immer wieder neu das Leben bewegende und erneuernde Kraft, und zwar in einer ganz spezifischen Weise. Vier besondere biblische Zusammenhänge machen dies deutlich:

(1) Da sind zunächst die charismatischen Führungspersönlichkeiten der frühen Geschichte Israels. Die sogenannten *Richter*, die das in Not befindliche Volk Israel retten. Israel, unterworfen unter fremde Mächte, tief verzweifelt, bedroht von innen und außen, erfährt Rettung durch Gott. Er beruft und begabt mit seinem Geist einzelne Personen, die es in charismatischer Weise schaffen, den Menschen Mut zu schenken und das Land wieder selbstständig handlungsfähig zu machen. Das Volk wird befreit aus gefährlichen, lähmenden Verstrickungen, es wird wieder aufgerichtet. Diese Richter-Persönlichkeiten sind allerdings noch sehr ambivalent. Sie herrschen autoritär und handeln gewalttätig, um Israel zu retten.

(2) Erst die vom Geist inspirierten *Propheten Israels* bringen eine klare inhaltlich-ethische Orientierung. Besonders deutlich wird dies etwa bei Jesaja, der einen zukünftigen Herrscher wie folgt beschreibt (Jesaja 11,1-6 in Auszügen):

> 1 *Und es wird ein Reis hervorgehen aus dem Stamm Isais und ein Zweig aus seiner Wurzel Frucht bringen.* 2 *Auf ihm wird ruhen der Geist des HERRN, der Geist der Weisheit und des Verstandes, der Geist des Rates und der Stärke, der Geist der Erkenntnis und der Furcht des HERRN.* 3 *[Er wird] ... mit Gerechtigkeit richten die Armen und rechtes Urteil sprechen den Elenden im Lande ...* 5 *Gerechtigkeit wird der Gurt seiner Lenden sein und die Treue der Gurt seiner Hüften.* 6 *Da wird der Wolf beim Lamm wohnen und der Panther beim Böcklein lagern. Kalb und Löwe werden miteinander grasen, und ein kleiner Knabe wird sie leiten.*

Oder das wunderschöne Wort in Jesaja 42,1-3 über den Knecht Gottes:

> 1 *Siehe, das ist mein Knecht, den ich halte, und mein Auserwählter, an dem meine Seele Wohlgefallen hat. Ich habe ihm meinen Geist gegeben; er wird das Recht unter die Heiden bringen.* 2 *Er wird nicht schreien noch rufen, und seine Stimme wird man nicht hören auf den Gassen.* 3 *Das geknickte Rohr wird er nicht zerbrechen, und den glimmenden Docht wird er nicht auslöschen. In Treue trägt er das Recht hinaus.*

Wo also der Geist Gottes einen Menschen ergreift, da wird dieser Mensch ausgerichtet und ermächtigt, sich für Gerechtigkeit, Barmherzigkeit und für Wahrheitserkenntnis einzusetzen, Versöhnung und Frieden zu fördern.

Im Neuen Testament sind es vor allem zwei Zusammenhänge, die deutlich machen, wie der Geist wirkt.

(3) Zentral ist die Antrittspredigt Jesu in Nazareth. In Lukas 4,16-21 beruft sich Jesus auf den Propheten Jesaja:

> 16 *Und er kam nach Nazareth, wo er aufgewachsen war, und ging nach seiner Gewohnheit am Sabbat in die Synagoge und stand auf, um zu lesen.* 17 *Da wurde ihm das Buch des Propheten Jesaja gereicht. Und als er das Buch auftat, fand er die Stelle, wo geschrieben steht (Jesaja Kapitel 61,1-2):* 18 *»Der Geist des Herrn ist auf mir, weil er mich gesalbt hat und gesandt, zu verkündigen das Evangelium den Armen, zu predigen den Gefangenen, dass sie frei sein sollen, und den Blinden, dass sie sehen sollen, und die Zerschlagenen zu entlassen in die Freiheit* 19 *und zu verkündigen das Gnadenjahr des Herrn.«* 20 *Und als er das Buch zutat, gab er's dem Diener und setzte sich. Und aller Augen in der Synagoge sahen auf ihn.* 21 *Und er fing an, zu ihnen zu reden: Heute ist dieses Wort der Schrift erfüllt vor euren Ohren.*

Damit wird deutlich, dass das Neue Testament das gesamte Wirken Jesu als vom Geist geleitet versteht. Wie er lebt, predigt und handelt, das ist die Art, wie Gott durch seinen Geist Gerechtigkeit, Barmherzigkeit und Erkenntnis der Wahrheit in diese Welt hineinbringen will.

(4) Der zweite neutestamentliche Zusammenhang ist die Darstellung des Pfingstereignisses in Apostelgeschichte 2,1-4:

> 1 *Und als der Pfingsttag gekommen war, waren sie alle beieinander an einem Ort.* 2 *Und es geschah plötzlich ein Brausen vom Himmel wie von einem gewaltigen Sturm und erfüllte das ganze Haus, in dem sie saßen.* 3 *Und es erschienen ihnen Zungen, zerteilt*

und wie von Feuer, und setzten sich auf einen jeden von ihnen. 4 *Und sie wurden alle erfüllt von dem Heiligen Geist und fingen an zu predigen in andern Sprachen, wie der Geist ihnen zu reden eingab.*

Das Pfingstereignis in Apostelgeschichte 2,17f wird dabei verstanden und erlebt als Erfüllung der Prophetie des Joel (3,1-2):

1 *Und … [ich] will … meinen Geist ausgießen über alles Fleisch, und eure Söhne und Töchter sollen weissagen, eure Alten sollen Träume haben, und eure Jünglinge sollen Gesichte sehen.* 2 *Auch will ich zur selben Zeit über Knechte und Mägde meinen Geist ausgießen.*

Geschlechterübergreifend, generationenübergreifend und soziale Klassen übergreifend wirkt der Heilige Geist! »Diese Ausgießung des Geistes«, so schreibt Michael Welker, »ist ein revolutionäres Geschehen, denn sie erfolgt auf Männer und auf Frauen – und das in patriarchalen Gesellschaften. Sie betrifft die Alten und die Jungen – und das geschieht in gerontokratischen Gesellschaften, in denen die Alten das Sagen haben. Schließlich ergreift sie auch die Knechte und Mägde – und das in – in der Antike selbstverständlichen – Sklavenhaltergesellschaften.«[26]

Mit dem Pfingstereignis wird die Gemeinde Jesu konstituiert als eine ausdifferenzierte und vielfältige Gemeinschaft. Bipolares Zwei-Seiten-Denken wird überwunden. Wahrheitserkenntnis ereignet sich vielper-

[26] Ich zitiere aus dem Online-Lexikon Systematische Theologie (SysLex), in dem Michael Welker die Erkenntnisse seines Buches Gottes Geist im Artikel »Geist Gottes« knapp zusammengefasst hat. https://syslex-online.de/articles/geist-gottes-version-1-0/#id3.dierevolution%C3%A4reausgie%C3%9Fung-desg%C3%B6ttlichengeistes (abgerufen am 7.2.2026).

spektivisch. Das heißt: Gerechtigkeit, Barmherzigkeit und Wahrheitserkenntnis geschehen im Geist als ein vielperspektivischer Prozess, in dem Menschen, die unterschiedliche Sprachen sprechen, sich dennoch verstehen lernen. Es geht nicht mehr darum, dass charismatische, autoritäre Führungspersönlichkeiten die Wahrheit – sozusagen für das Volk stellvertretend – erkennen, sondern dass die Gemeinschaft durch das Zusammenführen vielfältiger Perspektiven einen Erkenntnisprozess erlebt. Welker schreibt: »Der multimodale [also: in vielfältiger Weise wirkende; M.D.] Geist der Gerechtigkeit, der Freiheit, der Wahrheit, der Nächstenliebe und des Friedens (ist): ein Kraftpaket des Guten.«[27]

Die Wirklichkeit der Auferstehung Jesu Christi – ein real erfahrbares Kraftgeschehen

Das Pfingstereignis macht deutlich, wie der Geist des Auferstandenen wirkt: Ausgegossen auf sehr unterschiedliche Menschen kann er in unterschiedlichsten Kontexten und Situationen seine heilsame Kraft entfalten. Die Geist-Begabten werden motiviert und befähigt, als Gesandte des Auferstandenen zu leben und zu wirken.

Weil die Auferstehung des Gekreuzigten Jesus von Nazareth die Grundlage für diese Form des Geistwirkens ist, ist es umso wichtiger, ein klares Verständnis der Auferstehung zu gewinnen. Michael Welker ist bewusst, dass die Suche danach große theologische Schwierigkeiten aufwirft. Ja, die Probleme, Christi Auferstehung zu verstehen, können für das Realitätsbewusstsein der Zeitgenossinnen und Zeitgenossen unüberwindlich

[27] So die Überschrift des sechsten Abschnitts des Artikels »Geist Gottes« in SysLex.

erscheinen.[28] Ohne den Glauben an die Auferstehung, verliert aber der christliche Glaube insgesamt seinen Grund: *Ist aber Christus nicht auferweckt worden, dann ist unsere Verkündigung leer und euer Glaube sinnlos*, sagt Paulus in 1. Kor. 15,14. Mit welcher Art von »Wirklichkeit« müssen wir beim Auferstehungsgeschehen rechnen? Und wie verhält sich diese Wirklichkeit zur menschlichen Erfahrungswirklichkeit? Das Bild, das das Neue Testament von der Auferstehung Jesu (oder besser: von den unterschiedlichen Auferstehungsereignissen und -erfahrungen) vermittelt, ist hochkomplex, vielschichtig, spannungsreich und sperrt sich gegenüber der gängigen Erfahrungswirklichkeit.

Da sind zunächst die Berichte vom leeren Grab. Sie sind einerseits historisch glaubwürdig, da sowohl Anhänger als auch Gegner Jesu davon berichten. Es sind keine Fakten überliefert, mit denen die Gegner Jesu die Tatsache des leeren Grabes hätten entkräften können – was sie zweifellos getan hätten, wenn es möglich gewesen wäre. Dazu kommen die vielen Unstimmigkeiten in den verschiedenen Ostererzählungen, die nicht entstanden wären, wenn die gesamte Geschichte lediglich imaginiert und wie aus einem Guss formuliert worden wäre: Wer hat wann und wie das leere Grab entdeckt? Was wurde genau gesehen? Und wie wurde darauf reagiert? Schließlich deutet die Erzählung von den Frauen als erste Zeuginnen darauf hin, dass diese Geschichten nicht erfunden worden sind. Die damals als minderwertig eingeschätzte Bedeutung der Zeugenschaft von Frauen hätte sicherlich dazu geführt, dass man in einer erfundenen apologetischen Geschichte als Zeugen nur Männer

[28] Ich beziehe mich im Folgenden auf Michael Welker, Auferstehung, in: Glaube und Leben 9, Jg, 39-49, sowie: Michael Welker, Gottes Offenbarung, 99-134, und Michael Welker, Die Wirklichkeit der Auferstehung, in: Hans-Joachim Eckstein/Michael Welker (Hg.), Die Wirklichkeit der Auferstehung, Neukirchen 2001, 2. Auflage 2004, 311-331.

hätte auftreten lassen. Andererseits verhindern die Berichte nicht vollständig, dass sich unterschiedliche Deutungen verbreiten konnten, die eine Auferstehung des am Kreuz öffentlich gestorbenen Jesus von Nazareth zweifelhaft erscheinen lassen: Hätte es nicht auch sein können, dass der Leichnam gestohlen wurde oder dass Jesus nicht wirklich am Kreuz den Tod gefunden hat? Wäre es nicht möglich gewesen, dass die Jüngerinnen und Jünger das Grab schlicht verwechselt haben? Redlich betrachtet ist es heute historisch nicht mehr ermittelbar, wie es zu dem leeren Grab gekommen ist. Es bleibt unserem heutigen historischen Bewusstsein letztlich verborgen, was »wirklich« geschehen ist – zumindest wenn ich als »wirklich« nur das bezeichne, was historische Wissenschaft ermitteln kann. Es muss sich also um eine andere Art von »Wirklichkeit« handeln. Zum anderen zeigen die unterschiedlichen Deutungsmöglichkeiten, dass allein das leere Grab den Glauben an die Auferstehung nicht begründen kann.

Da sind die unterschiedlichsten persönlichen Erlebnisse der Auferstehungszeugen: von der Lichterscheinung des Paulus bis hin zu sehr unterschiedlichen personalen Begegnungserfahrungen, die – freimütig gesagt – alle sehr eigentümlich sind: Mal erkennen die Jünger Jesus nicht, obwohl er in Menschengestalt neben ihnen wandert, dann aber erkennen sie ihn an seinen Worten und Handlungen (Lukas 24), bevor er sich ihnen schließlich wieder entzieht; mal erscheint der Auferstandene in leiblicher Form, anfassbar (Matthäus 28,9); ein anderes Mal kann er durch eine geschlossene Tür gehen (Johannes 20,19f); mal erkennen die Jünger sofort den lebendigen Jesus und fallen vor ihm nieder – aber trotzdem zweifeln andere Anwesende (Matthäus 28,16f). Was beschrieben wird, lässt sich kaum auf eine gradlinige tatsachenlogische Weise systematisieren: Weder garantiert die Leiblichkeit des Auferstandenen, dass er erkannt werden kann, noch verhindert das Fehlen von Leiblichkeit, dass die Jüngerinnen und Jünger ihn erkennen. Weder ist garantiert, dass die Jüngerinnen und Jünger an die Auferstehung glauben, wenn sie ihn gesehen haben oder er sie angesprochen hat (Matthäus 28: Alle sahen ihn, »einige aber zweifelten«; die persönliche Ansprache brachte Thomas nicht zum Glauben, bei ihm war es erst das Berühren, das ihn vertrauen ließ…), noch verhindert der Glaube, dass Jesus sich ihnen anschließend wieder entzieht (so bei den Emmausjüngern in Lukas 24).

Offensichtlich sind die Erfahrungen der Jüngerinnen und Jünger individuell sehr unterschiedlich, gleichsam *ad personam*. Und ebenso unterschiedlich ist die Art und Weise, wie sie zum Glauben kommen. Aber die Erlebnisse sind deshalb nicht rein subjektiv oder gar rein innerpsychisch. Viele Erlebnisse sind gemeinschaftlicher Art. Für alle Anwesenden ist es überraschend, dem Auferstandenen zu begegnen, und jede und jeder erlebt diese Begegnung anders. Allerdings ist jeder Erzählung sehr klar zu entnehmen, dass es sich um ein Geschehen *an* den Jüngerinnen und Jüngern handelt. Ein personales Subjekt handelt als Gegenüber und verändert die Situation und jeden einzelnen Menschen ganz wesentlich. Deshalb wäre es nicht angemessen, von rein subjektiven »Visionen« zu sprechen. Es handelt sich vielmehr um »Erscheinungen«. Ein Subjekt *erscheint* den Jüngerinnen und Jüngern. Diese Erscheinung ist enorm wirkmächtig. Und anschließend entzieht sich der Erschienene wieder.

In der Zusammenschau der Auferstehungsberichte wird dadurch etwas sehr Wesentliches deutlich: Der Auferstandene ist nicht in seiner irdischen Leiblichkeit wieder lebendig geworden. Dies würde bedeuten, dass er von den Jüngerinnen und Jüngern immer gleich und unmittelbar zu erkennen gewesen wäre. Aber es ist auch nicht ein rein geistiges Geschehen. Der Auferstandene bedient sich vielmehr konkreter, realer leiblicher Wirklichkeiten, um seine Präsenz zu aktualisieren: So erscheint er zum Beispiel in einem Menschen, der auf den ersten Blick offenbar keine Ähnlichkeit mit Jesu irdischem Körper erkennen lässt (Lukas 24 in der Geschichte der Emmausjünger), oder er wird erkennbar im Brechen des Brotes oder in der Art, wie er die hebräische Bibel auslegt, oder in der Art, wie er die Jüngerinnen und Jünger aufs Neue beruft und sendet (Matthäus 28 beim sogenannten »Missionsbefehl«). Dies sind alles Ereignisse, die in leiblichen Formen stattfinden. Sie stehen aber nicht in direkt erkennbarer leiblicher Kontinuität zu seinem irdischen Körper. Es ist vielmehr eine geistige Kontinuität, die eine andere Leiblichkeit als Mittel seiner Gegenwart in Anspruch nimmt.

Die Wirklichkeit der Hoffnung

Allen Erfahrungen ist gemeinsam, dass die Erscheinungen die Menschen, die sie erleben, unmittelbar und grundlegend verändern. Das, was »von außen« auf die Menschen zugekommen ist, was sie unerwartet und unverhofft trifft, was sie nicht einmal erwünscht oder ersehnt haben, verändert sie so grundlegend, dass sie aus ihrer Enttäuschung und Trauer, aus ihrer Perspektivlosigkeit und Gefangenheit in Angst befreit werden. Sie, die sie gerade noch am Ende waren, werden mit Hoffnungskraft erfüllt. Sie spüren, dass der Tod überwindbar ist; dass die Macht der Mächtigen von jetzt auf gleich gebrochen werden kann; dass Glaube, Liebe und Hoffnung nicht gestorben und mit Jesus zu Grabe getragen wurden. Sie bekommen ein neues Selbstverständnis, ein neues Weltverständnis und ein neues Gottesverständnis vermittelt. Die Auferstehungswirklichkeit sprengt also die bisherige menschliche Erfahrungswirklichkeit der deprimierten Jüngerinnen und Jünger und schafft eine neue Erfahrungswirklichkeit! Mit ihren unmittelbaren Lebenserfahrungen war diese neue Wirklichkeit noch nicht kompatibel, aber sie wurden von einem neuen Vertrauen erfüllt, das ihnen von jetzt an neue Erfahrungen ermöglichte. Ja, sie waren sich nun gewiss, dass sie ab jetzt ganz andere Erfahrungen machen würden.

Michael Welker zeigt nachvollziehbar, dass die neutestamentlichen Auferstehungsberichte keine einfachen Entweder-oder-Urteile zulassen: Historisch oder nicht? Leiblich oder geistig? Subjektiver Glaube oder objektive Wahrheit? Die Auferstehungswirklichkeit ist nicht unmittelbar kompatibel mit der menschlichen Erfahrungswirklichkeit. Sie bricht diese vielmehr auf und lädt dazu ein, der neuen Erfahrung mehr zu vertrauen als den Erfahrungen der »alten« Welt. Glaubwürdig ist diese Auferstehungswirklichkeit aus zwei Gründen: Erstens spricht alles dafür, dass die neutestamentlichen Berichte der historische Niederschlag eines historisch nicht fassbaren Ereignisses sind. Sie spiegeln ein letztlich nicht erklärbares, aber sehr reales Kraftgeschehen wider. Kein Versuch, die Wirklichkeit der Auferstehung zu bestreiten, hat es bis heute geschafft, eine stimmige Gegenthese zu entwickeln, die auf redliche Weise alle Aspekte berücksichtigen könnte. Und zweitens ist die Geschichte der Christenheit voll von Erlebnissen dieser Art von Auferstehungswirklichkeit. Bis heute erleben Menschen, dass ihnen völlig unerwartet die Kraft der Hoffnung zuteil wird; dass scheinbar aussichtslose Konstellationen aufgebrochen werden; dass sie neue Perspektiven für die Zukunft erkennen, die sie aus eigener Weisheit und Kraft nicht hätten entwickeln können.

Wer die Auferstehungswirklichkeit Jesu Christi sensibel wahrnimmt, kann besser nachvollziehen, von welcher Art Wirklichkeit die Hoffnung ist. Hoffnung übergeht nicht die vielen Tatsachen, die gegen sie sprechen. Sie hat den Mut, den erschreckenden Ereignissen, den ernüchternden Analysen, den nach menschlichem Ermessen wahrscheinlichen Prognosen ins Gesicht zu sehen. Aber sie bleibt nicht dabei stehen. Sie schaut tiefer, mit einem »dritten Auge«, wie Corine Pelluchon schreibt. Sie ist bereit, dem Unerwarteten zu begegnen, der Kraft, die stärker ist als die Verzweiflung. Sie wartet auf eine Erfahrung, die die bisherige Geschichte durchbricht und eine neue Geschichte beginnen lässt. Hoffnung ist eine geistige Haltung, die in der Welt der Fakten neue Perspektiven erkennen lässt, die erst ansatzweise erkennbar, aber dann, wenn sie ernst genommen, gestärkt und weiterentwickelt werden, zunehmend die Wirklichkeit verändern.

Die Kraft Jesu Christi und die Ausgießung des Geistes

In der biblischen Darstellung des Geistes wird sehr deutlich, dass der Geist Jesu Christi kein anderer Geist ist als derjenige, der bereits in der Geschichte Israels gewirkt hat. Und der Geist des Auferstandenen ist kein anderer Geist als derjenige, der schon die Worte und Taten des irdischen Jesus von Nazareth motiviert, bewirkt und bekräftigt hat. Unterschiedliche Erfahrungen mit dem Geist Gottes in unterschiedlichen geschichtlichen Kontexten sind nicht gegeneinander auszuspielen. Sie sind konstruktiv aufeinander zu beziehen.

Um das Wirken des Geistes der Auferstehung, der die Hoffnung lebendig macht, besser zu verstehen, ist es elementar wichtig, sich konkret vor Augen zu führen, dass der Geist der Auferstehung derselbe Geist ist, der bereits die Geschichte des »historischen Jesus« bewirkt und begleitet hat. Die traditionelle Exegese der westlichen Kirchen nimmt zu wenig in den Blick, eine welch zentrale Rolle der Geist auf dem Lebensweg des Jesus von Nazareth spielt. Dazu einige wesentliche Aspekte:

Nachdem bei der Taufe Jesu der Geist auf Jesus herabgekommen war, wurde Jesus vom Geist in die Wüste geführt (Mk 1,12). Dort widersteht er der Versuchung, aus eigenem Machtanspruch heraus die Welt gestalten zu können. Er lehnt das Angebot des Teufels ab, die Macht über »die Reiche der Welt« zu bekommen (Matthäus 4,8-11). Freiwillig verzichtet er darauf. Hier zeigt sich ein Grundzug allen Handelns, das vom Geist motiviert wird: »freie Selbstzurücknahme«, so formuliert es Michael Welker. – Zwischen zwei Heilungsgeschichten interpretiert Matthäus das Handeln Jesu, indem er ihn mit dem Gottesknecht aus Jesaja 42 identifiziert. Gott hat seinen Geist auf den Gottesknecht gelegt. Dieser Geist bewirkt, dass der Gottesknecht sich nicht mit lauter Stimme Gehör verschafft, sondern die Welt dadurch verändert, dass er die Schwachen aufrichtet, »das geknickte Rohr« nicht zerbricht. – Lukas berichtet, dass sich Jesus selbst bei seiner Antrittspredigt mit dem verheißenen Messias identifiziert. Der Messias – das heißt: der mit dem Geist Gesalbte – befreit die Armen, die Gefangenen, die Blinden, die Zerschlagenen aus ihrer Not (Lukas 4,16-21).

Michael Welker kann durch die neutestamentliche Exegese anschaulich darlegen, was es bedeutet, wenn Gott durch den Geist des auferstandenen Christus in die Welt eingreift: Gott regiert diese Welt nicht, indem er von der Spitze einer Seins-Hierarchie aus handelt, unergründbar und fern. Gott regiert vielmehr, indem er an vielen konkreten Orten hilfreich eingreift und die erwartbare Geschichte durchbricht, so wie der irdische Jesus dies getan hat: Ohnmächtigen wird die menschliche Würde zurückgegeben – wie dem Lahmen am Teich Bethesda, der in unwürdiger Weise abhängig davon war, ob er Hilfe bekommen würde, wenn sich das Wasser bewegt (Johannes 5,1-18). Wo Schwache im Dienst eines vermeintlich guten Rechtes unterdrückt werden, greift Jesus ein und verhindert den ungerechten Rechtsvollzug – wie bei der Sünderin, die gesteinigt werden sollte (Johannes 8,1-11). Wo irdische Machthaber Menschen unterdrücken, hält Jesus dagegen: Wer groß sein will, muss seinen Mitmenschen dienen (Markus 10,35-45). Der Geist Christi ist, so Welker, eine »selbstlos rettende Kraft, ... die in die unterschiedlichsten Lebenszusammenhänge hineinwirkt, sie umgestaltet und durch bzw. aus ihnen heraus Gottes Gegenwart kenntlich werden läßt« (Gottes Geist, 208).

Und genau diese Kraft ist es, die zu Pfingsten auf die Jüngerinnen und Jünger ausgegossen wird. Die symbolisch verdichtete Pfingsterzählung in Apostelgeschichte 2 gibt eine bahnbrechende Erfahrung wieder. Warum? Weil nun deutlich wird, wie die Kraft Jesu Christi, jene selbstlos rettende Kraft, weiter in der Welt wirken wird. Es werden die unterschiedlichsten Menschen, beheimatet in unterschiedlichen Kulturen und Sprachen, diese Kraft weitertragen und aus dieser Kraft heraus wirksam werden. Sie bilden nun den neuen Leib Christi, den Leib des Auferstandenen, in geistiger Kontinuität mit Jesus von Nazareth, aber in anderer leiblicher Gestalt. Nachdem der Auferstandene sich zunächst punktuell dieser und jener Leiblichkeit bedient hat, um seinen Jüngerinnen und Jüngern zu erscheinen – wie es die vielfältigen Auferstehungsberichte erzählen – so bedient er sich seit dem Pfingstereignis der Leiblichkeit der Gemeinde. Die Gemeinde der Jüngerinnen und Jünger bilden nun den Leib, mit dem er in der Welt wirkt. Und so, wie der irdische Jesus von Nazareth die befreiende Geistes-Kraft punktuell in viele verschiedene Kontexte hineingetragen hat, mit Wort und Tat, um sich dann jeweils bald wieder aus diesen je konkreten Kontexten zurückzuziehen, so werden es nun die Vielen tun, die Jüngerinnen und Jünger in aller Welt. Sie sind Individuen, aber in der geistlichen Gemeinschaft des Leibes Christi. Sie erleben eine »Polyindividualität« (218), die sie stärkt, tröstet, motiviert und immer neu anregt. Sie können ihren Glauben bewahren, weil sie nicht nur auf sich selbst gestellt sind. Sie können ihre Hoffnung erhalten, indem sie ihren Glauben unbeirrt auf die widersprechende, unerlöste Welt beziehen, weil sie in einer universalen Hoffnungsgemeinschaft stehen (229). Sie können die Nächstenliebe durchhalten, jene freie Selbstzurücknahme und Hingabe zugunsten anderer Geschöpfe (232), denn sie haben klare Ziele vor Augen: die Gerechtigkeit und den Frieden des Reiches Gottes. Um diese Ziele zu erreichen, überwindet die Liebe Schranken, rassistische, nationalistische, ja, alle Schranken, die Gerechtigkeit und Versöhnung verhindern (234).

Die Ausgießung des Geistes im Pfingstgeschehen ist also die symbolisch verdichtete Darstellung, wie der Geist des Auferstandenen Christus heute wirkt, wie er überall wirksam werden und die Welt verändern kann. An allen Orten dieser Welt können destruktive Entwicklungen unterbrochen werden. Dynamiken können sich verändern und konstruktive, lebensförderliche Perspektiven eröffnen, die unmittelbar zuvor noch undenkbar waren. Die Geschichten des Jesus von Nazareth und seiner Interventionen, mit denen er Unheilsgeschichten durchbrochen und Hoffnungsgeschichten implementiert hat, sind anschauliche Beispielgeschichten dafür, wie der auferstandene Christus auch heute – durch seinen neuen Leib, die Jüngerinnen und Jünger – in gleicher Weise die Welt zum Guten verändert.

Wenn Corine Pelluchon – säkular gesprochen – davon ausgeht, dass es prinzipiell überall möglich ist, mit dem »dritten Auge« Unerwartetes zu erahnen, Kräfte zu entdecken, die stärker sind als die Verzweiflung, wenn sie davon überzeugt ist, dass prinzipiell jede und jeder überall die Grunderfahrung machen kann, dass das Leben stärker ist als der Tod, dann bietet die Erzählung von der pfingstlichen Ausgießung des Geistes die Möglichkeit, diese Erfahrungen theologisch zu deuten.

Durch die Beschäftigung mit dem Mathematiker und Prozessphilosophen Philosophen Alfred North Whitehead (1861–1947) und dem Soziologen Niklas Luhmann (1927–1998) gelingt es Michael Welker, die geist-christologischen Erkenntnisse mit einem Wirklichkeits- und Weltverständnis ins Gespräch zu bringen, das aktuell prägend ist. Für die Frage, wie der Geist in der Welt wirkt, ist das Konzept der »Emergenz« eine wichtige Verstehenshilfe. Sowohl bei Whitehead als auch bei Luhmann spielt das Konzept der Emergenz eine bedeutende Rolle. »Emergenz« beschreibt das Zusammenwirken von Kontinuität und Diskontinuität, von Nachhaltigkeit und überraschender Veränderung, von wechselseitiger Abhängigkeit und unabhängiger Kreativität. Im Rahmen der Systemtheorie, die heute in unterschiedlichsten Themenbereichen das Wirklichkeitsverständnis prägt, kann das Konzept der Emergenz viele innerweltliche Prozesse nachvollziehbar machen.

Als ›emergent‹ bezeichnen wir »Konstellationen, Zustände und Strukturen, deren Auftreten nicht aus vorausgehenden Konstellationen, Zuständen und Strukturen abgeleitet werden kann, obwohl sich mannigfaltige, beide Zustände bestimmende Elemente in ihnen durchhalten« (38).[29] Der Geist Gottes, so Welker, überwindet Not, Schwäche, Angst und Verfall dadurch, dass ein »Emergenzgeschehen [einsetzt] …, das in einer nicht vorhergesehenen Weise einen neuen Anfang, neue Verhältnisse, eine neue Wirklichkeit konstituiert« (70). – »Die Ausgießung des Geistes bewirkt ein erstaunliches und unverfügbares … Zusammenwirken … eine emergierende Gemeinsamkeit und Lebendigkeit, die überrascht.« (139)

[29] Niklas Luhmann, Soziale Systeme, Frankfurt/M. 1984, 658. Zitiert in Welker, Gottes Geist, 38, Anm. 1.

Daraus folgt ganz selbstverständlich, dass das Wirken des Geistes nicht nur im Bereich der Kirche, der Gemeinde, des Christentums zu denken ist. So eng die Geist-Christologie den Geist mit Christus verbindet, so wenig ist das Wirken dieses Geistes daran gebunden, dass Menschen ihr Selbstverständnis und ihr Handeln mit Christus in Verbindung bringen. Jürgen Moltmann hat von der Universalisierung der Verheißungen Israels durch die Auferstehung Jesu gesprochen. In gleicher Weise ist die Wirkmacht des Geistes universal zu denken. Ja, mehr noch: Schon in der hebräischen Bibel ist deutlich zu erkennen, dass Gott nicht nur an, mit und für Israel wirkt. Er kann auch fremde Herrscher, wie den Perserkönig Kyros, als sein Instrument einsetzen, um seine Verheißungen zu verwirklichen.

So sehr es aus der Perspektive der Christinnen und Christen notwendig ist, den Geist von Christus her zu denken, um die Geister zu unterscheiden, um schöpferisch-konstruktive Entwicklungen im Sinne des Reiches Gottes von destruktiven Mächten, von Ungeistern und Lügengeistern zu unterscheiden, so wenig können Christinnen und Christen es irgendeiner Person absprechen, im Sinne und im Geiste Gottes zu handeln, sofern sie ihr Denken und Handeln an den Maßstäben der Gerechtigkeit, des Suchens nach Versöhnung und Frieden, des Einsatzes für die Bewahrung des Lebens oder der Achtung von kultureller Vielfalt ausrichten. Auch sie können sich implizit an den *Tendenzen der Zukunft Christi* orientieren, auch dann, wenn sie ihr Selbstverständnis und ihre Ethik aus anderen Quellen speisen. Der Geist Gottes, so wie er sich zu Pfingsten offenbart hat, sorgt für das Zusammenspiel vielfältiger emergenter Prozesse, ohne Ansehen der Person, Religion oder Kultur. So richtet er die Welt auf das Reich Gottes aus.

Michael Welker ordnet dieses Geistverständnis philosophisch ein. Wie verhält sich das biblische Geistverständnis zum Verständnis des Geistes in der westlichen Geistesgeschichte? Zwei große Philosophen sind dafür bedeutsam: Aristoteles und Hegel (Gottes Geist, 259-279).

Bei Aristoteles ist der Geist die Kraft, die sich selbst denkt und sich in der Beziehung auf andere und Anderes nicht verliert. Das heißt sinngemäß: Der Geist ist gleichsam die *intellektuelle Durchsetzungskraft*. Mit dem Geist denke ich etwas, durchdenke ich etwas, habe ich eine Idee und setze sie durch. Wenn ich mich mitteile, achte ich darauf, dass meine Idee unverfälscht erhalten bleibt. In diesem Prozess fühle ich mich Gott, dem Schöpfer und Erhalter der Welt ganz nah, kreativ und durchsetzungsstark.

Bei Hegel wird dieser Ansatz bis in die materielle Welt hinein weitergedacht. Er entwickelt ein ausdifferenziertes Religions-, Rechts-, Kunst- und Politikverständnis. Daraus hat sich in der abendländischen Geschichte eine immense kreative geistige Kraft entwickelt, die lange und kräftig in der Lage war, sich durchzusetzen, überall, wo sie einflussreich war, und stark genug bei sich selbst zu bleiben, um mit ihrer Identität die Welt zu prägen. Dieser Geist etabliert »Herrschaftsformen …, die Alternativen zu ihm zu verdrängen und zu erodieren suchen müssen und die ein fundamentales … Umgestalten des Selbst nur als ›Untergang‹ und ›Katastrophe‹ erfahren können« (261).

Ganz anders der Geist Gottes! Er »stellt in die bewußte Solidargemeinschaft, in die Verantwortungs- und Liebesgemeinschaft der Personen, die ihre eigene Endlichkeit und Vergänglichkeit annehmen können. … Sie erfahren sich als Glieder einer durch den Geist gewirkten Gemeinschaft von Menschen, die sich selbst, einander und die Welt durch *freie Selbstzurücknahme zugunsten der Mitgeschöpfe* verändern« (261; Hervorhebung im Original).

Es liegt auf der Hand, dass sich hier große Themen- und Konfliktfelder auftun. Was hat diese Spannung innerhalb des westlichen, abendländischen Geistverständnisses – zwischen aristotelisch-hegelschem und biblischem Geistverständnis – zu tun mit dem aktuell ausgerufenen Ende der »Ära eines ›westlichen Werteimperialismus‹« (vgl. oben Kapitel I.1)?

Was ist *die Schöpfung*, in der Gottes Geist wirkt?

Eine *realistische* Theologie des Geistes tut gut daran, das biblische Verständnis der Welt als Schöpfung Gottes mit wissenschaftlichen Kosmologien ins Gespräch zu bringen. Nur so kann vermieden werden, dass sehr pauschal über »die Welt« reflektiert wird, ohne sinnvolle Anknüpfungspunkte auszumachen. Und wenn es darum geht, illusionäre Hoffnungen zu überwinden, um eine geläuterte Hoffnung zu entdecken, muss vermieden werden, beschönigend und beschwichtigend oder gar romantisierend über »die Natur« und ihre heilsamen Kräfte zu sprechen. Es hilft nicht weiter, schlichte Gegensätze aufzubauen, etwa zwischen dem verwerflichen Handeln der Menschen und dem heiligen Wert der Natur.

Die intensive Beschäftigung mit dem Naturwissenschaftler und Prozessphilosophen Alfred North Whitehead[30] ermöglicht es Michael Welker, die biblische Schöpfungstheologie sehr differenziert zu interpretieren. Dies wiederum eröffnet neue Möglichkeiten, das Wirken Gottes in »der Welt« besser zu verstehen. Denn auf der

---

[30] Vgl. Michael Welker, Universalität Gottes und Relativität der Welt: theologische Kosmologie im Dialog mit dem amerikanischen Prozeßdenken nach Whitehead, Neukirchen-Vluyn 1981.

einen Seite, so haben wir gesehen, ist es nicht »der Gott«, als Spitze einer Seins-Pyramide, der von dieser abstrakten Spitze herab regiert. Welker hat vielmehr deutlich gemacht, dass Gott durch die Vielfalt des Geistes in behutsamer Weise wirkt. Auf der anderen Seite steht nicht »die Welt« als monolithisches Gegenüber Gottes. Wer die steile These des Glaubens vertritt, dass es ein Wirken Gottes in unserer Welt gibt, sollte sich die Mühe machen, zu erforschen, welche naturwissenschaftlich durchdachten, universalen Lehren (»Kosmologien«) existieren. Mit einem kosmologischen Verstehensschlüssel lesen sich die biblischen Texte ganz neu.

Michael Welker spricht von einer »schöpfungstheologischen Ehrlichkeit«, die heute dringend notwendig ist.[31] Dazu müsse das biblische Schöpfungsdenken ganz neu ernst genommen werden. Im ersten Schöpfungsbericht der Bibel (Genesis 1) wird erzählt, dass Gott der Schöpfung eine große Eigenmacht und selbstständige Gestaltungskraft zuspricht: Die Erde soll von sich aus, also selbstwirksam, Gras und Kraut und Bäume hervorbringen (V. 11), dazu die Tierwelt (V. 24). Die Gestirne sollen Tag und Nacht »regieren« (V. 16). Der Mensch schließlich soll über alles Getier, ja »über die ganze Erde« (V. 26) herrschen und seinerseits selbstwirksam die Erde mit seinen Nachkommen füllen (V. 28).

Obwohl Gott die von ihm erschaffene Erde als »sehr gut« qualifiziert, gehört es zur schöpfungstheologischen Ehrlichkeit, die Augen nicht davor zu verschließen, dass die Natur und alles selbstwirksame Geschehen in ihr in hohem Maße ambivalent ist. Der Sündenfall wird gerne verdrängt, wenn heute »die Natur« als *per se* gut verstan-

---

[31] Vgl. Michael Welker, Welche Ekklesiologie brauchen wir? Plädoyer für eine inhaltlich-theologische Primärorientierung, in: ÖR 2/2017, 66. Jg., 246-257. In diesem Aufsatz hat Welker seine schöpfungstheologischen Gedanken knapp und prägnant zusammengefasst. Vgl. dort besonders 255.

den wird und das Wirken des Menschen als *per se* problematisch. Die romantische Vorstellung, die Natur sei das ursprünglich Gute, oder gar die Vorstellung, die Natur sei heilig, widerspricht dem biblischen Realismus. »Life is robbery« hat Whitehead formuliert – das Leben ist Raub, es lebt auf Kosten anderen Lebens. Nicht nur der Mensch zerstört die Natur durch Raubbau. Auch die Natur beraubt sich gegenseitig. Ein ständiges Gemetzel! Leben verdrängt anderes Leben. Naturgewalten zerstören Lebensräume. Es gibt kein Leben, das nicht auf Kosten anderen Lebens lebt. So hat es sinngemäß Albert Schweitzer formuliert. Die Vorstellung, wenn nur der Mensch sich zurückziehen würde, wenn er seinen Einfluss auf die Natur möglichst weit einschränken würde, dann wäre alles wieder gut, ist schlicht naiv. Die Lage ist komplexer: Nicht nur der Mensch ist das Problem. Auch die Natur selbst ist ambivalent.

Dazu kommt eine biblische Einsicht, die niemand gerne hört: Die Welt als Geschöpf ist nicht nur ambivalent, sondern auch endlich! Sie ist unterschieden von dem ewigen Gott. Wie jedes Geschöpf hat sie deshalb ihre Lebenszeit, mit Anfang und Ende. Wir müssen die Vorstellung zulassen, dass auch die Welt altern könnte, nach und nach in ihrer Lebenskraft nachlassen könnte. Wer die Natur romantisiert oder heiligspricht, wer seine ganze Sehnsucht auf sie richtet, in ihr die Kraftquelle des Guten, der Lebendigkeit, des gesunden Lebens sucht, der tut sich schwer, den biblischen Realismus zu akzeptieren: Die gesamte Welt ist ebenso endlich wie der je einzelne Mensch.

Und eine weitere Unterscheidung der biblischen Schöpfungstheologie wird gerne übersehen: Gott unterscheidet zwischen Himmel und Erde. Und auch der Himmel ist Geschöpf! »Am Anfang schuf Gott Himmel und Erde« (Genesis 1,1). Wir glauben an Gott »den Schöpfer des Himmels und der Erde«, wird in jedem

Gottesdienst im Glaubensbekenntnis gesprochen. Der Himmel ist nicht göttlich. Allerdings ist der Himmel der geschöpfliche Raum, in dem Gott anders, direkter und unmittelbarer regieren kann als in der uns zugänglichen Welt. Es ist der geschöpfliche Raum, auf den wir Menschen keinen Einfluss haben.

Das ist realistisch und auch tröstlich: Es gibt Bereiche der Welt, der Natur, des Kosmos, auf die wir keinen Einfluss haben. Tröstlich, weil ich als gläubiger Mensch davon ausgehen kann, dass es einen Raum innerhalb (!) der Schöpfung gibt, aus dem Gott mit seinen unermesslichen Möglichkeiten in unsere Welt einwirken kann. So hochsymbolisch, mythisch-bildlich und einem vergangenen Weltbild verpflichtet die Sprache der Schöpfungserzählungen auch sein mag – die kosmologischen Unterscheidungen der biblischen Erzählungen sind sehr nüchtern-realistisch. Und sie haben bis in aktuelle Kosmologien hinein Bedeutung. Welt ist nicht gleich Welt. »Welt« ist ein hochkomplexes Beziehungssystem, in dem unterschiedliche Realitäten, Rationalitäten und Wirkungszusammenhänge unterschieden und aufeinander bezogen werden müssen.

Die für modernes Bewusstsein sehr schwer zu akzeptierende Vorstellung, dass Gott heilsam in der Welt wirkt, kann zumindest zugänglicher gemacht werden, wenn ich über die naiven Dualismen – hier Gott, da Welt – hinauskomme. Ich kann mit einem differenzierten Verständnis vom Wirken des Geistes Gottes und einer differenzierten Kosmologie danach fragen, welche Kräfte in dieser vergänglichen und gefährdeten Welt dem scheinbar unwiderstehlichen Drang allen Lebens nach rücksichtsloser Selbsterhaltung auf Kosten anderen Lebens behutsam entgegenwirken und dadurch helfen, die Welt als gute Schöpfung zu erhalten.

Königlich, prophetisch und priesterlich wirkt der Geist Christi

Gegen den Drang allen Lebens, sich rücksichtlos durchzusetzen, wirkt der Geist Christi in behutsamer Weise, so wie ein gut regierender Herrscher, wie eine unbestechliche Anwältin der Wahrheit und wie ein fürsorglicher Begleiter. Mit den Begriffen der calvinischen Drei-Ämter-Lehre ordnet Michael Welker in seinem Buch *Gottes Offenbarung. Christologie*[32] das vielfältige Wirken des Geistes: König, Prophet, Priester. Diese Begriffe mögen antiquiert wirken oder falsche Assoziationen wecken, sie haben aber wesentliche Vorteile: Sie sind in der christlichen Ökumene gut kommunizierbar, weil die Drei-Ämter-Lehre nicht nur in der reformierten Tradition, sondern auch in der lutherischen, der römisch-katholischen und der orthodoxen Tradition verwurzelt und anerkannt ist. Vor allem aber verbinden sie die alttestamentliche Verheißungsgeschichte mit dem Leben des Jesus von Nazareth und dem Wirken des Auferstandenen, in gut biblischer Tradition. Die messianischen Verheißungen eines gerechten und barmherzigen Königs, die eindrücklichen prophetischen Persönlichkeiten und die Gestalt des Hohepriesters sind wesentliche Elemente der hebräischen Bibel.

Im Neuen Testament bekennt sich Jesus zum Königtum: »Du sagst es: Ich bin ein König« (Johannes 18,37). So antwortet er dem Pilatus, auch wenn sein Reich nicht von dieser Welt ist (V. 36). Jesus steht für das Reich Gottes ein. Er vergleicht sich mit einem Propheten, der im eigenen Vaterland nichts gilt (Markus 6,4). Oder er konstatiert auf dem Weg nach Jerusalem: »... es geht nicht an, dass ein Prophet umkomme außerhalb von Jerusalem« (Lukas 31,33). Öfters noch bestaunen ihn die Men-

32 Welker, Gottes Offenbarung. (Seitenzahlen in Klammern beziehen sich im Folgenden auf dieses Buch.)

schen als großen Propheten (Lukas 7,16) oder als Elia (Markus 6,15). Eindrücklich schließlich ist die Interpretation des Hebräerbriefes, die Jesus als den neuen Hohepriester versteht (Hebräer 2,17).

Mit dem *Königtum Christi* verbindet sich die Art und Weise, wie das Reich Gottes in dieser Welt wirkt. Welker ordnet dem königlichen Amt den Begriff der *Liebe* zu. Durch den selbstlosen Verzicht in der Praxis der Nächstenliebe, die die Jüngerinnen und Jünger in ihre Lebenskontexte tragen, emergiert das Reich Gottes sehr konkret und real erlebbar an vielen Orten der Welt. Nicht ohne Widerstände, Rückschläge und Enttäuschungen. Die Gleichnisse Jesu bieten geradezu eine Typologie für menschliche Abwehrhaltungen, so Michael Welker (217). In der jüngeren Kirchengeschichte ist die Tradition der Königsherrschaft Christi in die Barmer Theologische Erklärung des Jahres 1934 eingeflossen: Es ist der Auferstandene, der durch den Geist in seiner Gemeinde als der Herr gegenwärtig handelt (These III) – in scharfer Abgrenzung gegen totalitäre Herrschaften. Der Königstitel steht gleichsam für die *good governance* des geistlichen Reiches Gottes. So wie zur modernen *good governance* Transparenz, Partizipation, Verantwortlichkeit, Rechtsstaatlichkeit und Gerechtigkeit gehören, so gehört zum Königtum Christi wesensmäßig die Diakonie. Sie macht durch die tätige Fürsorge für die Schwächeren Gerechtigkeit erst möglich.

Das *prophetische Amt Christi* steht in der Tradition der unerschrockenen Propheten Israels, die der Wahrheit zum Recht verholfen haben und dafür den Weg des Leidens gehen mussten. Der irdische Jesus hat dieses Schicksal geteilt. Er hat den Missbrauch religiöser Traditionen angeprangert, dort, wo sie in Verkehrung ihres Sinnes nicht mehr der Gotteserkenntnis, sondern der Unmenschlichkeit dienten. Er hat den unterdrückerischen Machtansprüchen der Herrscher seiner Zeit widerstanden und die Wut der Menge ausgehalten, wenn er ihren Erwartungen um der Wahrheit willen nicht entsprechen konnte. Dieser prophetische Dienst hat umfassenden Widerspruch geweckt und Jesus ans Kreuz gebracht.

Ein eindrückliches Zeugnis für diesen prophetischen Geist hat die anglikanische Bischöfin von Washington D. C., Mariann Edgar Budde am 22. Januar 2025 gegeben. In ihrer Rede im Gottesdienst anlässlich der Inaugurationsfeier für den amerikanischen Präsidenten appellierte sie an den Präsidenten: »Have mercy, Mr. President« – Als Zeugin für die Wahrheit tritt sie für Barmherzigkeit ein. Amerikanische Christinnen und Christen, die heute im prophetischen Geiste Christi reden, werden eingeschüchtert und bedroht. Sie brauchen die Kraft des Leidens Christi. Weil der prophetische Geist Unwahrheit aufdeckt und der Wahrheit zum Recht verhilft, ordnet Michael Welker diesem Amt den Begriff der *Hoffnung* zu. Nur mit Wahrhaftigkeit lassen sich realistische und menschenwürdige Perspektiven der Hoffnung entdecken.

Das *priesterliche* Amt, dem Michael Welker den Begriff des *Glaubens* zuordnet, steht für das Geistwirken, mit dem der auferstandene Christus erfahrbar macht, wie liebevoll Gott gegen die menschliche Tendenz vorgeht, sich selbstbezogen auf Kosten anderer durchzusetzen. Der priesterliche Geist ist die Kreativ- und Motivationskraft für das weite Spektrum gottesdienstlichen Lebens und der persönlichen Seelsorge. Verkündigung, Taufe und Abendmahl sind die Erlebnisorte, an denen er wirkt. Die Taufe ist deshalb mehr als eine Segnungshandlung für das natürliche Leben. Wissend, dass »die Natur« nicht *per se* gut, sondern ein Kampfort um Macht und Einfluss ist, stellt die Taufe die Täuflinge in die Einflusssphäre des Reiches Gottes. Sie symbolisiert die grundsätzliche Ermächtigung, mit dem Geist begabt zu sein und destruktiven Kräften begegnen zu können, Anteil zu bekommen am Geist Christi und Teil seines geistlichen Leibes zu sein. So, wie sich der Himmel über Jesus öffnete, als er getauft wurde, so soll nun auch der Himmel – als der Ort der unendlichen Möglichkeiten Gottes, der uns nicht verfügbar ist – den Täuflingen offenstehen: Sie sollen auf ihrem Lebensweg darauf vertrauen, dass es immer noch mehr gibt als das, was wir hier und jetzt als Möglichkeiten erkennen. Das Abendmahl ist der zentrale Ort, an dem die Gemeinschaft des Leibes Christi sinnlich erfahrbar wird. Anteilhabe an Brot und Wein heißt, sich selbst als Teil des geistlichen Leibes Christi erfahren zu können, als Teil der Gemeinschaft, die auf die Verwirklichung des Reiches Gottes hofft und das Ihre dazu beiträgt.

Mit der Zuordnung des vielfältigen Geistwirkens auf die traditionellen drei Ämter Christi hat Michael Welker seine Geist-Christologie systematisiert und eine hilfreiche Kategorisierung bereitgestellt, um die konstruktiven von den destruktiven Geistern zu scheiden und innerhalb der guten Geister differenzieren zu können, und das heißt: konkret werden zu können. Besonders wichtig ist, dass es ihm um eine »realistische« Geist-Christologie geht. Es geht immer wieder um das Wirklichkeitsverständnis. Welche Art von Wirklichkeit meinen wir, wenn wir von Auferstehung reden, vom Wirken des Geistes, von der Welt-Wirklichkeit, von der theologisch verstandenen Schöpfungswirklichkeit, von der Natur?

Eine Theologie, die nach einer von Illusionen befreiten, realistischen Hoffnung sucht, kommt ohne Antworten auf die Frage nach dem Wirklichkeitsverständnis nicht aus. Denn letztlich geht es darum, die Wirklichkeit der Hoffnung zu entdecken. Wenn ich nach der Zukunft mit einem rein an den Fakten orientierten Wirklichkeitsverständnis frage, werde ich lediglich zu einer hochgerechneten Fortführung der vorfindlichen Gegenwart kommen – und dies öffnet meist, und gerade in der Gegenwart, nur wenige Hoffnungsperspektiven. Gehe ich aber von einem differenzierten Wirklichkeitsverständnis aus, dann lerne ich mit einem »dritten Auge« zu sehen: Was ist heute? Was kann morgen sein? Was ist prognostizierbar und was nicht? Was kann ich beeinflussen und was nicht? Für welche Entwicklungen muss ich aufmerksam sein, welche gilt es zu verhindern? Die Geschichte zeigt, dass gradlinig prognostizierte Entwicklungslinien zwar oft den Anschein von hohem Realismus erwecken, dass aber gerade diese Prognosen sehr schnell von einer anderen Wirklichkeit eingeholt werden können.

II.3 VON DER *THEOLOGIE DER HOFFNUNG* ZU EINER *THEOLOGIE DER ZUVERSICHT*

Beerbt Zuversicht die Hoffnung?

Wenn theologische Gedanken auf unmittelbare Resonanz treffen, besteht wenig Anlass, über die Probleme der Vermittlung nachzudenken. Wenn der Funke ohnehin unmittelbar überspringt, wie zur Zeit der *Theologie der Hoffnung*, erscheint die Frage, wie sich das biblische Verständnis von Wirklichkeit zum Wirklichkeitsverständnis politisch-hoffnungsvoller Utopien verhält, als eine abgehobene Metareflexion. Ganz anders ist es, wenn die biblischen Verheißungen wie Erzählungen aus einer anderen Welt erscheinen. Dann muss sehr viel intensiver darüber nachgedacht werden, wie die Hoffnungsbotschaft für die Gegenwart fruchtbar gemacht werden kann.

Die Frühlingszeit der Hoffnungen ist heute Vergangenheit. Ein unmittelbarer Resonanzboden für eine *Theologie der Hoffnung* ist nicht mehr vorhanden. Wer heute die Hoffnungsbotschaft des Evangeliums in die

Zeit tragen will, hat intensive Übersetzungsarbeit zu leisten. Wer »nach dem Grund der Hoffnung des christlichen Glaubens und nach der Verantwortung dieser Hoffnung im weltlichen Denken und Handeln« fragt, wie Jürgen Moltmann es im Vorwort seiner *Theologie der Hoffnung* beschrieben hat (TdH, 6), für den ist die Frage der Vermittlung unterschiedlicher Wirklichkeitsverständnisse keine abgehobene Spezialdiskussion, sondern die notwendige Vorarbeit, um überhaupt glaubwürdig reden zu können und nicht unter den Illusionsverdacht zu fallen. Insofern ist die Weiterführung des geist-christologischen Ansatzes von Jürgen Moltmann durch Michael Welker heute so wertvoll. Der *cantus firmus* seiner »realistischen« Theologie ist die immer mitgeführte Frage, von welcher Art von Wirklichkeit in den unterschiedlichen Kontexten eigentlich die Rede ist.

Wer heute von Hoffnung redet, scheint aus der Zeit gefallen zu sein. Zwar hat Hoffnung Hochkonjunktur, wie Jonas Grethlein in seiner Philosophie der Hoffnung schreibt,[33] aber nur deswegen, weil sie so selten ist. Hoffnung ist ein rares Gut, und das Wort Hoffnung wird nur noch sehr zurückhaltend, wenn überhaupt, in den Mund genommen. Zwei Beobachtungen der letzten Zeit machen dies deutlich:

Joachim Lenz, evangelischer Propst von Jerusalem, der zu Beginn der Corona-Zeit dort seinen Dienst begonnen hat und gleich anschließend im Heiligen Land die kriegerische Zuspitzung der politischen Situation miterlebt hat, hat in einem Artikel geschrieben: Wer heute in Jerusalem die Hoffnung bewahren will, sei mehr »hoffnungs-stur« als »hoffnungsfroh«.[34] Stur? »Stur«, das heißt ja eigentlich: uneinsichtig an etwas festzuhalten,

---

[33] Vgl. Grethlein, Hoffnung, 27.

[34] Joachim Lenz, Wir versinken nicht in Trauer. Der deutsche evangelische Propst zur Situation in Jerusalem, in: Die Kirche 29/2025, 7.

auch wenn alle anderen schon erkannt haben, dass es sinnlos ist. Seine Kollegin, Pfarrerin Ines Fischer, die die Pilgerarbeit in Jerusalem leitet, hat zu Ostern 2025, nach ihrer Hoffnung befragt, geantwortet: »Das Wort Hoffnung ist ein großes Wort. Ich würde eher sprechen von Hoffnungs*momenten*…«[35]

Aber wir müssen nicht bis nach Jerusalem gehen. Ein stellvertretender Landrat und Sozialdezernent in einem sächsischen Landkreis, bekennender Christ und vor seiner politischen Tätigkeit in der Diakonie engagiert, schrieb mir vor einiger Zeit: »Trotz aller strukturellen Herausforderungen hier nehme ich um mich herum eine *verhaltene Zuversicht* wahr.« – »Verhaltene Zuversicht« – auch er redet nicht von Hoffnung. Das wäre in seiner Situation offenbar zu viel gesagt. Allenfalls verhaltene Zuversicht meint er in seiner Umgebung zu erkennen. Und höchstens mit dieser verhaltenen Zuversicht kann er die alltäglichen Aufgaben bewältigen. Diese Haltung scheint heute für viele das Optimum dessen zu sein, was gegenwärtig möglich ist. »Bleiben Sie zuversichtlich!« Mit diesen Worten verabschiedet sich seit März 2020 Ingo Zamperoni, Moderator bei den Tagesthemen, von den Zuschauerinnen und Zuschauern.[36] Das große Wort »Hoffnung« wird heute nur sehr sparsam benutzt. »Zuversicht« scheint das Wort zu sein, das den verbrauchten Begriff Hoffnung beerbt hat.

---

[35] SWR 1 – Interview, 17.4.2025: https://www.swr.de/kultur/gesellschaft/gespraech-mit-ines-fischer-pfarrerin-in-jerusalem-100.html (abgerufen am 21.2.2026).

[36] Beate Hirt, katholische Theologin, hat diesen Abschiedsgruß in einer Rundfunkandacht am 31. Dezember 2021 im SWR als »Abendsegen« interpretiert: »Ich geb zu: Für mich ist das mittlerweile fast so was wie ein Abendritual oder sogar Abendsegen. Wenn ich in den Nachrichten mal wieder die neuesten grässlichen Zahlen und Entwicklungen zu Corona sehen musste, dann tut es mir richtig gut, wenn mir einer zum Abschluss mit freundlichem Lächeln sagt: ›Bleiben Sie zuversichtlich!‹« – https://www.kirche-im-swr.de/autorinnen/?id=4 (abgerufen am 7.2.2026).

Hoffnung ist ein Weltverhältnis,[37] eine Haltung, mit der ich mich in der Welt bewege, mit der ich in ihr denke und handle. Hoffnung hat ihren Ort dort, wo die Zukunft noch ungewiss ist. Wenn ich sicher weiß, dass etwas kommen wird, zum Beispiel, weil ich mir meiner Kräfte und Fähigkeiten so gewiss bin, dass ich davon überzeugt sein kann, die Herausforderungen erfolgreich zu bewältigen, dann brauche ich nicht zu hoffen. Ich brauche auch dann nicht zu hoffen, wenn es – umgekehrt – mit an Sicherheit grenzender Wahrscheinlichkeit unmöglich sein wird, etwas zu erreichen. Auch dann ist Hoffnung fehl am Platze. Eine solche Hoffnung wäre illusionär. Wenn aber eine Möglichkeit besteht, dass sich etwas Gutes ereignen *kann*, und wenn diese Möglichkeit für mich weder verfügbar noch vollständig machbar ist, wenn ich sie nicht allein aus eigener Kraft erreichen kann, dann ist dies der Ort und die Stunde der Hoffnung.

Das Wort *Zuversicht* wird heute offenbar gerne verwendet, weil von *Hoffnung* zu reden zu vollmundig wirkt. Man will nicht in den Verdacht geraten, falschen Optimismus oder illusionäre Vorstellungen zu verbreiten und den Ernst der Lage zu verkennen. Das Wort *Zuversicht* klingt da bescheidener. Damit nehme ich den Mund nicht zu voll. Zuversicht ist eher auf die eigenen Möglichkeiten und Fähigkeiten orientiert, auf das, was ich in meinem eigenen Einflussbereich in absehbarer Zeit glaube erreichen zu können. Ob sich darüber hinaus weitere Möglichkeiten auftun, ob sich umfassendere Probleme werden lösen lassen – mich dazu zu äußern, das wage ich lieber nicht. So steht die Zuversicht zwischen den großen Hoffnungen und der traurigen Resignation. Ja, ich könnte angesichts der umfassenden Herausforderun-

[37] Vgl. Grethlein, Hoffnung, 16.

gen, für die ich keine Lösungen sehe, resignieren. Ich kann aber auch weiter zuversichtlich das Meine einbringen, und die Frage nach den großen Hoffnungen dabei zumindest offenlassen. Resignation geht davon aus, dass das Gute ohnehin nicht stattfinden wird. Das macht ein eigenes Engagement für große, weitergehende Ziele letztlich sinnlos, so scheint es. Resignation führt dann Schritt um Schritt entweder in Depression oder in Radikalisierung. Zuletzt geht es nur noch um mich, um den Kampf für das eigene gute Leben oder Überleben. Nächstenliebe ist in diesem Kampf hinderlich, Barmherzigkeit ein Hemmschuh, das Recht des Nächsten beugbar. Auf der anderen Seite stehen die großen Hoffnungen. Wer davon überzeugt ist, dass große Ziele erreichbar sind, der ist auch eher gewiss, dass es Sinn macht, sich für das Gute, für Gerechtigkeit und Frieden, für meinen Nächsten und den Schutz des Schwächeren einzusetzen – der oder die ist davon überzeugt, dass mit dem eigenen Tun das Kommen des Guten wirksam befördert wird.

Zuversicht ist also eine zurückhaltende Form des Hoffens, die zunächst im Überschaubaren das tut, was möglich ist. Sie gibt dabei aber die großen Hoffnungen nicht prinzipiell auf, auch dann nicht, wenn sie im Moment kaum erreichbar erscheinen. Ob und wann sie sich realisieren werden, liegt nicht in meiner Hand. Aber ich fühle mich gerufen, das mir Mögliche beizutragen. Es macht Sinn, mich einzubringen. Ja, sogar wenn das Gewünschte nicht eintreffen würde, wäre es sinnvoll gewesen, dass ich mich engagiert habe. Ich bin es mir, meiner Mitwelt, den zukünftigen Generationen schuldig, so zu handeln. Wenn ich zuversichtlich bin, werde ich nach den Zeichen der Hoffnung Ausschau halten – glücklich, wenn ich sie entdecke, erleichtert, wenn ich nach und nach weitergehende Hoffnung gewinnen kann. So kann die Zuversicht den Weg zu neuer Hoffnung bereiten. Zuversicht ist bescheidener als die Hoffnung, aber sie gibt die weitergehende Hoffnung nicht auf. Sie ist der erste Schritt hin zu einer wiedergewonnenen Hoffnung. Sie bereitet der Hoffnung den Weg.

Eine zeitgemäße *Theologie der Zuversicht*

Eine *Theologie der Zuversicht* ist heute wohl die angemessene Form, um Resignation zu überwinden. Es gilt in einer resignativen Stimmungslage die Möglichkeit der Hoffnung aufrechtzuhalten. Auch wenn ich meine Skepsis nicht verleugnen will, sollte ich die Möglichkeit einer guten Entwicklung nicht prinzipiell abschreiben. Der skeptische Blick auf die Realitäten der Gegenwart darf nicht zu der normativen Aussage führen: Es ist, wie es ist, es wird so bleiben und sich nicht zum Besseren verändern. Zuversicht hält die Möglichkeit offen und hält nach den Zeichen der Hoffnung Ausschau, um der Hoffnung den Weg zu bereiten.

Eine Geist-Christologie bietet die Möglichkeit, die Zuversicht theologisch zu deuten und auf diese Weise zu unterstützen. Eine *realistische* Geist-Christologie geht noch über die begriffliche Deutung hinaus. Sie stärkt und belebt die Zuversicht, weil sie die Kraft des Geistes bewusst macht, der stärker ist als die Verzweiflung. Sie macht deutlich, dass keiner alleine steht, der versucht, die Zuversicht zu bewahren. Sie lässt wissen, dass niemand aus eigener Kraft die Verheißungen der Gerechtigkeit, der Barmherzigkeit, des Friedens und der Heilung präsent halten oder gar realisieren muss. Sie zeigt, dass Glaube, Liebe und Hoffnung Geschenke des Geistes sind und nicht Leistungen, die wir zu vollbringen hätten. Anders als die *Theologie der Hoffnung* wird eine *Theologie der Zuversicht* nicht unmittelbar in große Utopien münden. Sie wird etwas zurückhaltender ihre Hoffnung bezeugen. Sie wird nicht erwarten, dass die Verkündigung des Evangeliums in absehbarer Zeit dazu führen wird, dass die Christenheit »die Gesellschaft, mit der sie lebt, in ihren Erwartungshorizont eschatologischer Erfüllung von Recht, Leben, Humanität und Sozialität« hineinnehmen kann, wie Jürgen Moltmann es noch formulieren konnte (TdH, 302). Eine Theologie der Zuversicht, die geist-christologisch orientiert ist, wird vielmehr das Vertrauen in das emergente Zusammenwirken vieler Hoffnungsmomente stärken und dadurch den Weg für die Erfüllung der größeren Verheißungen offenhalten. Aus Zuversicht kann neue Hoffnung emergieren.

Die großen Themen der *Trilogie* Jürgen Moltmanns in den 1960er und 1970er Jahren waren die gesellschaftspolitischen Themen der Zeit. Jedes der drei Hauptwerke mündete in einen Entwurf einer zeitgemäßen, gesellschaftskritischen Kirche. Getragen von der Hoffnung, dass es möglich und realistisch sei, in der Kraft des Geistes mit starken geistlichen Impulsen die Welt spürbar zu verändern, wurden tatsächlich wesentliche Entwicklungen angestoßen. Dass eine Ethik der Weltverantwortung zur christlichen Existenz wesentlich dazugehört, diese Überzeugung ist heute in der Christenheit weit verbreitet. Dies ist nicht zuletzt dem weltweiten Einfluss der Theologie Jürgen Moltmanns zu verdanken.

Eine *Theologie der Zuversicht* wird heute dahinter nicht zurückbleiben dürfen. Sie wird allerdings andere Schwerpunkte setzen müssen. War es zur Zeit der *Theologie der Hoffnung* primär wichtig, eine individualistische Frömmigkeit aufzubrechen und für die Weltverantwortung zu motivieren, so muss heute bedacht werden, dass verzweifelte oder für Verzweiflung anfällige Menschen zunächst die Kraft erfahren müssen, die stärker ist als die Verzweiflung, wie Corine Pelluchon es ausdrückt. Erst diese Erfahrung, dass es eine solche Kraft gibt, führt zur Motivation, Verantwortung zu übernehmen und sich für eine bessere Welt einzusetzen. Insofern muss heute der Spiritualität mehr Aufmerksamkeit gewidmet werden als in der Frühlingszeit der Hoffnung.

Die Systematisierung des Geist-Wirkens durch die Drei-Ämter-Lehre kann dazu beitragen, die notwendige Schwerpunktbildung angemessen zu gestalten, wohlwissend, dass hier eine Über-Systematisierung nicht hilfreich ist. Die Drei-Ämter-Lehre ist »perichoretisch« zu verstehen.[38] Die verschiedenen Wirkungsweisen durchdringen sich gegenseitig, sie bilden eine Einheit, ohne aber zu verschmelzen. Der Geist wirkt nie nur in einer Wirkungsart. Einzelne Themen ausschließlich einzelnen Ämtern zuzuordnen wäre deshalb wirklichkeitsfremd. Die Drei-Ämter-Lehre dient aber der Transparenz und lässt eine reflektierte Schwerpunktbildung zu.

Eine zeitgemäße *Theologie der Zuversicht* wird sich der persönlichen Spiritualität widmen. Sie wird neu fragen, wie eine Spiritualität vom Geist Gottes ausgehend verstanden werden kann und welche geistlichen Traditionen neu entdeckt, theologisch neu verstanden und praktisch zeitgemäß gelebt werden können. Wie kann geistliches Leben so gestaltet werden, dass das Individuum bewusst aus der Kraft der Auferstehung sein Leben führen und seine Lebensgeschichte als Hoffnungsgeschichte schreiben kann? Das priesterliche Wirken des Geistes ist hier besonders zu bedenken. Taufe und Abendmahl spielen eine besondere Rolle.

In der Tradition der *Theologie der Hoffnung* wird eine *Theologie der Zuversicht* nach einer zeitgemäßen Form der Kirche fragen. Auch hier werden die Schwerpunkte anders zu setzen sein. Die Kirche hat nicht mehr den Frühlingswind der Hoffnung im Rücken, sie hat den Gegenwind der Resignation, der Gleichgültigkeit, ja auch des Hasses im Gesicht. Sie hat sich dieser Realität zu stellen, sie hat dem Wind die Stirn zu bieten. Dies

[38] Vgl. Welker, Gottes Offenbarung, 201.

wird sie aber je länger, je mehr nur durchhalten, wenn sie sich selbst *geistlicher* versteht. Aber nicht im Sinne einer weltabgeschiedenen innerlichen Frömmigkeit, sondern in der Orientierung am Wirken des biblischen Geistes. Sie wird ihr Leben bewusster am auferstandenen Christus orientieren, dessen Herrschaft durch den Dienst der Nächstenliebe gekennzeichnet ist, der in priesterlicher Fürsorge den Lebensweg der Menschen begleitet und der im prophetischen Amt öffentlich für die Wahrheit einsteht.

Schließlich wird eine *Theologie der Zuversicht* die Ethik der Weltverantwortung neu interpretieren und stärken. Auch in einer Zeit, in der politische Hoffnungen zu sterben scheinen und Lichter der Aufklärung zu erlöschen drohen, wird sie die *lessons learned* der Christenheit nicht aufgeben: Verantwortung für Gerechtigkeit, Frieden und die Bewahrung der Schöpfung gehören zur christlichen Existenz, und diese Verantwortung ist täglich neu geistlich zu stärken. Ein geistliches Verständnis der politischen Verantwortung wird sich nicht wegen drohender Resignation radikalisieren, nicht dem »Präsentismus« verfallen, den Corine Pelluchon anschaulich als Flucht vor nachhaltiger Verantwortung beschreibt und der sich im politischen Leben als Aktionismus zeigt, der unmittelbar die Selbstwirksamkeit des eigenen Handelns spüren will. Geistliches politisches Engagement wird unterscheiden können zwischen bleibenden politischen Hoffnungen, die nicht aufzugeben sind, auch wenn sie in absehbarer Zeit kaum erreichbar sind, und kurzfristig Erreichbarem, das wertvoll ist, selbst wenn es oft nicht mehr sein kann als ein Zeichen der Hoffnung.

III Spiritualität, Kirche und Weltverantwortung geistlich neu verstehen

III.1 SPIRITUALITÄT DER ZUVERSICHT

Sehnsucht und Unwille

Die Sehnsucht nach einer individuellen Spiritualität ist heute sehr verbreitet. Vielfach wird dies so gedeutet, als habe in den westlichen Gesellschaften die Spiritualität weitgehend die religiöse Frömmigkeit beerbt. Der Begriff »Spiritualität« atmet Freiheit, während die traditionellen religiösen Begriffe vielfach negative Erfahrungen mit institutionalisierter Religion in Erinnerung rufen. Zugespitzt formuliert ließe sich sagen: Zum Begriff der Spiritualität gehört es, dass er nicht näher bestimmt wird. Spiritualität ist für jede und jeden einfach das, was ihr oder ihm guttut. Und der einen tut dann der Gottesdienstbesuch gut, dem anderen der Saunabesuch, und für beide mag ein Konzertbesuch zu einem spirituellen Erlebnis werden. Transzendenz ist nicht zwingend notwendig.

Diese Beliebigkeit darf nicht darüber hinwegtäuschen, dass es bei der Sehnsucht nach Spiritualität um eine sehr ernste, existentielle Frage geht: Woher bekomme ich die Kraft für mein Leben? Die Mainzer Kulturanthropologin und Religionsethnologin Ariane Martin hat in ihrer Untersuchung des »spirituellen Feldes« in Deutschland die Sehnsüchte in unserer säkularen Kultur analysiert.[39] Sie-

[39] Ich beziehe mich auf die Darstellung der Erkenntnisse von Ariane Martin in: Paul N. Zulehner, GottesSehnsucht. Spirituelle Suche in säkularer Kultur, Ostfildern 2008, 16-20. Das Buch von Ariane Martin, Sehnsucht – der Anfang von allem, Dimensionen zeitgenössischer Spiritualität, ist 2011 im Shaker Media Verlag, Düren erschienen.

ben Grunddimensionen hat sie abgegrenzt: Die *Reise zu sich selbst*, mit der Suche nach der eigenen Mitte. Die *Verzauberung*, mit der Suche nach dem verlorenen Geheimnis inmitten der profanen Geheimnislosigkeit. Die *Heilung*, geistlich verstanden und über die Schulmedizin hinausgehend, die durch einen neuen Zugang zu der göttlichen Quelle des Seins gefunden wird. *Gemeinschaft*, mit der Suche nach Räumen, die ein rettendes Gegengewicht bilden, gegen die gesellschaftliche Erfahrung von bösartigen, destruktiven, ja zerstörenden Kommunikationen: aufbauende Räume, die von Verständnis und einem wertschätzenden Miteinander geprägt sind. *Festigkeit*, mit dem Wunsch, verlässlich zu wissen, wer ich bin. Die *Reise ins Weite*, die aus der Enge des überzogenen Individualismus und der polemischen Abgrenzung des Menschen von der Natur befreit. Das *Weltverhältnis*, das erneuert und befreit werden soll von der alten, säkular gewordenen Welt, die in eine Sackgasse geraten sei.

Christliche Theologie und kirchliches Leben sind heute herausgefordert, auf dem großen Markt spiritueller Möglichkeiten die eigene Botschaft einzubringen. Es geht nicht darum, jedem Bedürfnis gerecht zu werden. Aber ein gutes Angebot ist in der Lage, Nachfrage zu wecken. Welche geistlichen Traditionen der Christenheit können heute als ein gutes Angebot neu profiliert werden?

Allerdings gibt es dabei innerhalb der christlichen Gemeinden und der traditionellen Kirchen einige Hemmschwellen zu überwinden. Fulbert Steffensky spricht von »einem gewissen Unwillen gegen die neue Magie des Wortes Spiritualität«.[40] Er habe den Eindruck, dass das Wort Spiritualität eines der Irrlicht-Worte sei, die Inhalte ersetzen, die eigentlich gemeint sein könnten. Ein Wort, das etwas verspricht, was es nicht halten kann. Ein ge-

---

[40] Fulbert Steffensky, Schwarzbrot-Spiritualität, Stuttgart 2005, 7.

wisser Unwillen gegen das Wort »Spiritualität« ist auch heute noch, zwanzig Jahre nach Steffenskys Feststellung, vielfach vorhanden, besonders in der evangelischen Theologie.

Klar ist: Der Begriff ist nicht genuin biblisch, höchstens indirekt.[41] Der neutestamentliche, griechische Begriff *pneumatikós* (geistlich), wurde in der Vulgata zwar mit dem Wort *spiritalis* (spirituell) ins Lateinische übersetzt. So in 1. Korinther 2,13b: Wir deuten »geistliche Dinge (*spiritalia*) für geistliche Menschen (*spiritalibus*)«. Aber biblisch wird dieses Geistlich-Sein sehr spezifisch interpretiert. Wenn der geistliche Mensch im Neuen Testament beschrieben wird, dann geht es um Frömmigkeit oder Ehrfurcht vor Gott (griechisch: *eusébeia*). Und es geht um eine erkennbare Lebensweise und Lebenshaltung: die Früchte des Geistes: Liebe, Freude, Friede, Geduld, Freundlichkeit... (Galater 5).

Besonders distanziert reagiert traditionellerweise der evangelische Glaube auf alles, was mit Berufung auf eine individuelle Geisterfahrung beschrieben und legitimiert wird. Durch die Reformationsgeschichte, durch die »Täufer« und »Schwärmer«, ist die evangelische Theologie geradezu traumatisiert. Die Funktion des Heiligen Geistes wurde in der lutherischen Theologie deshalb streng begrenzt auf drei Wirkweisen: Der Geist vermittelt den rechtfertigenden Glauben; er ruft in die Gemeinde und unter das Wort; er bringt die Früchte des Glaubens hervor, die im Leben der Gläubigen sichtbar werden. »An ihren Früchten sollt ihr sie erkennen.« (Matthäus 7,16) Gerhard Ebeling hat pointiert analysiert,

---

[41] Ich orientiere mich im Folgenden an: Hans-Martin Barth, Spiritualität. Bensheimer Hefte. Herausgegeben vom Evangelischen Bund. Heft 74. Ökumenische Studienhefte 2, hg. von Hans-Martin Barth und Reinhard Frieling, Göttingen 1992, 11-17. (Im Folgenden: Hans-Martin Barth, Spiritualität.)

wie Martin Luther das Wirken des Geistes versteht: Der Geist heiligt den Menschen. Und diese Heiligung ist nichts anderes als die Vermittlung der rechtfertigenden Gnade.[42]

Der spezielle Unwillen der evangelischen Theologie, sich mit geistgewirkter Spiritualität zu beschäftigen, hat seinen letzten Grund in einem schwärmerisch-individualistischen Verdacht: Wenn ich mich für das individuelle Wirken des Geistes für mich selbst interessiere, bin ich dann nicht *per se* auf dem falschen Weg? Auf dem Holzweg, das Heil in mir selbst zu suchen? Dreht sich dann nicht wieder mein Herz um sich selbst? Wo doch der rechtfertigende Glaube mich von diesem in sich selbst verkrümmten Herz (*cor incurvatum in se ipsum*) befreit hat!

Besondere Nahrung bekommt der Unwille heute dadurch, dass mit Spiritualität auch problematische Instrumentalisierungen einhergehen. Spirituelle Methoden werden für Leistungs- und Erfolgsideologien vereinnahmt. Oder es werden menschenverachtende Ziele spirituell überhöht. Das beschämendste Beispiel aus dem Bereich des Protestantismus dürfte zur Zeit der Missbrauch der Theologie und Frömmigkeit Dietrich Bonhoeffers im nordamerikanischen rassistisch-nationalistischen Evangelikalismus sein. Spirituelle Begeisterung für Dietrich Bonhoeffer als Motivationskraft für menschenverachtende Haltungen!

Aus der Sicht der orthodoxen Theologie, die ein umfassenderes Verständnis von geistlicher *Heiligung* hat, erscheint das Glaubens- und Frömmigkeitsverständnis der westlichen Kirchen insgesamt als geistvergessen. Die

---

[42] Gerhard Ebeling, Luthers Ortsbestimmung der Lehre vom Heiligen Geist, in: Gerhard Ebeling, Wort und Glaube, Bd. III. Beiträge zur Fundamentaltheologie, Soteriologie und Ekklesiologie, Tübingen 1975, 316-348. Vgl. dazu: Dröge, Kirche, 98f: Kapitel III.2.1.1. Exkurs: Die Funktion des ›Heiligen‹ Geistes bei Luther.

orthodoxe Theologie hebt die eigenständige Bedeutung des Pfingstereignisses hervor. Der Geist macht das Wesen der Kirche aus und realisiert in ihr die vielerlei Charismen. Dazu heiligt der Geist die einzelnen Christinnen und Christen im Sinne einer zunehmenden Gleichgestaltung mit Christus. Der Geist bewirkt also durchaus mehr als nur den rechtfertigenden Glauben. Auch die Pfingstkirchen betonen sehr stark die individuell erfahrbare vielfältige Wirkung des Geistes.

Die römisch-katholische Perspektive wirkt sowohl für die orthodoxe als auch für die pfingstlerische Gläubigkeit eher ernüchternd. Wird im evangelischen Kirchenverständnis der Geist durch die Rechtfertigungslehre gleichsam diszipliniert, so ist es in der römisch-katholischen Kirche das hierarchisch gegliederte Amt, das diese Disziplinierung übernimmt. Im Kirchendokument des Zweiten Vatikanischen Konzils begegnet ein besonderer Begriff für den Amtsgeist: *potestas*. Zugespitzt könnte gesagt werden: Der Amtsgeist (*potestas*) hält den Pfingstgeist (*spiritus vehementis*, Apostelgeschichte 2,2) in Schach.[43]

Ein gewisser Unwillen gegen eine Spiritualität ist also durchaus in unterschiedlicher Perspektive vorhanden. Aber wo ist dann in den westlichen Kirchen noch Platz für eine Spiritualität, die das vielfältige, in der Bibel gut bezeugte Wirken des Geistes zulässt? Wie kann der pfingstliche *spiritus vehementis* neu wahrgenommen und als Hoffnungskraft empfangen werden?

Leitlinien einer theologisch verantworteten Spiritualität

Im allgemeinen Sprachgebrauch wird der Begriff *Spiritualität*, wie bereits dargelegt, sehr weit gefasst und meist nicht näher bestimmt. Wenn es um eine spezifisch

---

[43] Vgl. hierzu: Dröge, Kirche, 15-23.

christliche Spiritualität gehen soll, ist es allerdings notwendig, diesen Begriff zu profilieren.[44] Zunächst ist es dabei wichtig, Spiritualität von *Frömmigkeit* zu unterscheiden, die besonders seit der zweiten Hälfte des 17. Jahrhunderts in der Frömmigkeitsbewegung des Pietismus stark mit Innerlichkeit verbunden wurde. Während das Verständnis des *Frommen* stark vom rechtfertigenden Glauben geprägt war – der Fromme lebt immer neu von der geschenkten Vergebung – ist der *Spirituelle* eher auf das geistliche Wachsen des neuen Menschen ausgerichtet und an einem spirituellen Leben im Geist interessiert. Ferner ist auch die Abgrenzung zwischen *Glaube* und *Spiritualität* von grundlegender Bedeutung: *Glaube* meint nicht zugleich die Formen, in denen der Glaube verwirklicht wird. Spiritualität beinhaltet dagegen sowohl den Glauben als auch die Glaubensweise, das Sein (das dem Ethos zugrunde liegt) und das Ethos. In neutestamentlicher Begrifflichkeit ausgedrückt: Spiritualität umfasst den Glauben und auch die Früchte des Glaubens.

Mit zwei prägnanten Definitionen von Spiritualität kann das Profil des Begriffes verdeutlicht werden:

Im Geleitwort für den zweiten Band des umfangreichen *Handbuch[s] Evangelische Spiritualität* von Peter Zimmerling aus dem Jahr 2017 schreibt der ehemalige EKD-Ratsvorsitzende Nikolaus Schneider:

> *Der Begriff ›Spiritualität‹ verweist darauf, dass Menschen auf das Wirken eines ›Geistes‹ vertrauen, der ihr Leben über ihr eigenes, individuelles Denken, Verstehen, Empfinden und Entscheiden hinaus ausrichtet. Christenmenschen bekennen diese ›Geist-Kraft‹ als den* ›Heiligen Geist‹, *als die je aktuelle Wirkmacht Gottes. … Evangelische Spiritualität bindet sich an den Geist Gottes, wie er sich in der Heiligen Schrift – und im Be-*

[44] Vgl. Hans-Martin Barth, Spiritualität, 11-17.

sonderen im biblischen Zeugnis von Jesus Christus – manifestiert.[45]

Eine ökumenische Definition wurde bereits im Jahr 1991 auf der Vollversammlung des Ökumenischen Rates der Kirchen in Canberra mit acht Thesen formuliert, die versuchen, die konfessionelle Weite einzufangen. Daraus einige Zitate:

> *... Spiritualität bedeutet, sowohl das Leben gestalten als auch Raum schaffen, damit der Heilige Geist wirken kann. Spiritualität hat daher eine praktische Dimension. Sie hat zu tun mit Prioritäten, dem Kalender und dem Lebensrhythmus. Zeiteinteilung und Strukturen, Kultur, Tradition und Persönlichkeit haben einen Einfluß auf die Art und Weise, wie Gemeinschaften und einzelne ihre Spiritualität zum Ausdruck bringen. ... Wir wurden nach Gottes Bild geschaffen ... wir wachsen in der Ebenbildlichkeit mit Christus. ... Spiritualität heißt lebensspendende Energie empfangen, geläutert, inspiriert, frei gemacht und in allen Dingen in die Nachfolge Christi gestellt werden.*[46]

So vielfältig die Aspekte sind, die diese Definitionen beinhalten, so lassen sich doch einige wenige Grundlinien erkennen, die zu einer theologisch verantwortlichen christlichen Spiritualität dazu gehören:

- Spiritualität im christlichen Sinne verbindet den Glauben an ein transzendentes Gegenüber mit der Haltung und der Lebensgestaltung, die daraus folgen.
- Spiritualität ist deshalb etwas sehr ›Geistiges‹ und gleichzeitig etwas sehr ›Praktisches‹ (– bis hin zur Kalendergestaltung!).

---

[45] Peter Zimmerling, Handbuch Evangelische Spiritualität, Bd. 2: Theologie, Göttingen 2017, 7. (Hervorhebungen im Original.)
[46] Zitiert nach Hans-Martin Barth, Spiritualität, 15f.

- Spiritualität geht davon aus, dass es eine ›Geist-Kraft‹ gibt, die das transzendente Gegenüber mit meinem persönlichen Leben innerhalb seiner vielfältigen Beziehungen verbindet.
- Christliche Spiritualität verbindet diese Geist-Kraft wesentlich mit den geistlichen Erfahrungen der biblischen Persönlichkeiten. Dabei hat das Wirken des Geistes an, mit und durch Jesus Christus eine besondere profilgebende Bedeutung.

Wie eine geist-christologisch entfaltete Spiritualität Zuversicht vermittelt

Evangelische Spiritualität will, so hat es Nikolaus Schneider in seiner Definition beschrieben, das Vertrauen stärken, dass das Wirken des Geistes, so wie die Bibel es beschreibt, erfahrbar ist und dass dieser Geist mein Leben über das eigene Denken, Verstehen, Empfinden und Entscheiden hinaus ausrichten will. An welchen Orten und mit welchen Praktiken kann ich dies erleben? Führe ich mir die breite Palette der Wirkungsweisen des Geistes vor Augen, so muss es darum gehen, eine Spiritualität einzuüben, die mich die Kraft spüren lässt, die stärker ist als die Verzweiflung; die Totgeglaubtes neu lebendig machen kann; die verfahrene Geschichten wieder zurechtbringt; die mich motiviert, meinen Nächsten zu lieben, statt nach der Maxime zu leben »Life is robbery«; die mich durchhalten lässt, auch wenn die Erfüllung der Verheißungen auf absehbare Zeit ausbleiben sollte; die mich aufmerksam macht, neue konstruktive Ereignisse, Ansätze, Perspektiven und Konstellation nicht zu übersehen, sondern mit dem »dritten Auge« die aktuellen Realitäten zu betrachten.

Das grundlegende Gebet der Christenheit, das *Vater unser*, zeigt die Themen auf, die für eine christliche Spiritualität von zentraler Bedeutung sind:

- *Dein Reich komme, dein Wille geschehe, wie im Himmel, so auf Erden*: Wir bitten darum, dass das Reich Gottes an vielen Orten emergiert, dass die himmlischen Möglichkeiten Gottes dort Realität werden, wo die menschlichen Möglichkeiten an ihr Ende gekommen sind.
- *Unser tägliches Brot gib uns heute*: Wir bitten darum, dass der Geist uns davor bewahrt, mehr besitzen zu wollen, als wir für unser tägliches Leben benötigen. Nur von der Habgier befreit kann ich mich um der Nächstenliebe willen zurücknehmen.
- *Und vergib uns unsere Schuld*: Wir bitten darum, aus den Teufelskreisen der Verzweiflung befreit zu werden, in die wir uns selbst hineinverirrt haben.
- *Wie auch wir vergeben unseren Schuldigern*: Wir nehmen die in den Blick, die heute aktuell unsere Barmherzigkeit brauchen. Das Gebet öffnet uns für die konkreten Taten der Selbstzurücknahme zugunsten anderer.
- *Und führe uns nicht in Versuchung, sondern erlöse uns von dem Bösen*: Wir bitten um die Kraft, widerständig leben zu können: dem Bösen, der Unwahrhaftigkeit, der Ungerechtigkeit, dem Hass die Stirn zu bieten.

Eine Spiritualität, die auf diese Bandbreite des Geistwirkens vertraut, kann in vielfältiger Weise die Sehnsüchte der säkularen Menschen erreichen, die Ariane Martin in ihrer Untersuchung des »spirituellen Feldes« in Deutschland anschaulich herausgearbeitet hat:

Die Suche nach der eigenen Mitte kann bereichert werden durch die Gewissheit, dass »der Geist dessen, der Jesus von den Toten auferweckt hat, in euch wohnt…« (Römer 8,11). Die innere Mitte kann zu einem Raum werden, in dem die Kraft wirkt, die stärker ist als die Verzweiflung, die heilend wirkt und die täglich neu auf den Weg der Hoffnung stellt. – Wer darunter leidet, dass die Welt, die ihn umgibt, jedes Geheimnis verloren hat, dass sie nur unter der Perspektive der Nützlichkeit betrachtet wird und dass auch das eigene Leben vielfach verzweckt wird, der kann sich neu vor Augen führen, dass Welt nicht gleich Welt ist: die Schöpfung ist ein vielfach interdependentes dynamisches Geschehen. Sie beherbergt nicht nur die »Erde«, die wir aktiv gestalten können, sondern auch »den Himmel«, die ungeahnten, von uns nicht beeinflussbaren Möglichkeiten Gottes. Es gilt, in der vordergründig geheimnislosen Welt mit dem »dritten Auge« die lebensförderlichen Spuren des Geistwirkens zu entdecken. – Wer eine Gemeinschaft sucht, die ein rettendes Gegengewicht bildet gegen die Erfahrung von destruktiven Diskursen, kann in der spirituellen Gemeinschaft des Leibes Christi viele Gesprächs- und Projektgruppen finden, die gemeinsame Ziele verfolgen, von konstruktiver Kommunikation begleitet. Symbolisch verdichtet wird diese Gemeinschaft in der *communio* des Abendmahls erfahren. – Wer verlässlich wissen will, wer er selbst ist, kann sich seiner geistlichen Berufung vergewissern: Berufen auf den Weg der Nachfolge, berufen zum Bild Gottes und immer neu vom Geist ermutigt, sich in eigener Kreativität Ziele zu setzen, die die Emergenz des Reiches Gottes unterstützen. Diese Berufungserfahrung wird in besonderer Weise verdichtet erfahren in der Taufe als Ursprungsort der spirituellen Identität. – Wer nach einem neuen Verhältnis zu der Welt sucht, in der er lebt, kann mit den spirituellen Erfahrungen, die sich am Geist Gottes orientieren, ein neues zuversichtliches Weltverhältnis gewinnen: Die Welt ist nicht nur so, wie sie sich gerade jetzt zeigt. Und die Zukunft wird nicht so sein, wie sie aufgrund der aktuellen Faktenlage hochgerechnet werden kann. Mit einer Haltung der Zuversicht vertraue ich nicht *nur* auf die Möglichkeiten meiner Selbstwirksamkeit, sondern halte darüber hinaus die Möglichkeiten Gottes offen.

Die traditionellen Sorgen protestantischer Theologie, eine geistorientierte Spiritualität könne in Schwärmerei, überzogenem Individualismus und ungeistlicher Selbstüberschätzung enden, können mit einer biblisch orientierte Geist-Christologie überwunden werden. Sie ist vom biblischen Realismus geprägt: ein realistisches Weltbild, ein realistisches Menschenbild und ein klares Verständnis der Auferstehung Jesu Christi verhindern das Abdriften in schwärmerische und idealistische Geistverständnisse. Die evangelischen Traumata gegenüber dem Geist, die einen gewissen Unwillen gegenüber »Spiritualität« wecken, können so geheilt werden.

Ein großes Feld der Zuversicht tut sich darüber hinaus auch dadurch auf, dass die Geist-Christologie für das Wirken des Geistes Gottes außerhalb der Grenzen der Kirchen sensibilisiert. Auch im säkularen Raum, auch in anderen religiösen Kulturen wirkt der Geist des Auferstandenen. Auch Menschen anderer religiöser und kultureller Prägung sind vom Geist motiviert, im Sinne des Reiches Gottes zu wirken. Ihre Traditionen und Formen spirituellen Lebens mögen andere sein. Und ein kritischer Blick zur Scheidung der Geister ist in anderen Religionen und Kulturen ebenso notwendig wie innerhalb der Formen und Fehlformen christlicher Spiritualität. Es tut sich aber eine neue, zuversichtliche Perspektive auf, wenn wir bereit sind, im interreligiösen und interkulturellen Dialog auch die Kraftquellen der Zuversicht anderer kennenzulernen.

Die Taufe als Grund der spirituellen Identität

Für den christlichen Glauben markiert die Taufe den Grund der spirituellen Identität.[47] Viel zu wenig wird

---

[47] Hans-Martin Barth, Dogmatik. Evangelischer Glaube im Kontext der Weltreligionen. Ein Lehrbuch, Gütersloh 2001, 2., korrigierte Auflage 2002, 607ff. (Im Folgenden: Hans-Martin Barth, Dogmatik.)

bisher diese zentrale Bedeutung der Taufe für das persönliche, spirituelle Leben hervorgehoben. Was bedeutet es geistlich, dass die Taufe den Namen des dreieinigen Gottes – Vater, Sohn und Heiliger Geist – mit dem Namen der Getauften verbindet?

Über dem Täufling wird der Name des *Vaters* ausgerufen, ein Zeichen dafür, dass der Mensch ein Geschöpf Gottes ist und damit »sehr gut« (Genesis 1,31). Er ist berufen, Bild Gottes zu sein: »Und Gott sprach: Lasset uns Menschen machen, ein Bild, das uns gleich sei ...« (Genesis 1,26).[48] Große Dankbarkeit für das Geschenk des Lebens kann und soll den Lebensweg der Getauften begleiten. Aber mit der Geschöpflichkeit hat der Mensch auch Anteil an der Ambivalenz aller Geschöpfe. Er ist gefährdet, verletzlich, verflochten in Unheilszusammenhänge und ist Teil des Lebens, das nur auf Kosten anderen Lebens leben kann. Die Realität der Welt zeigt, zu wie viel Hass, Gewalt, zu wie viel brutaler Grausamkeit der Mensch – kurz: zu wie viel Unmenschlichkeit der Mensch auch fähig ist. Allerdings gehört zur Schöpfung auch der »Himmel«, der Bereich der unendlichen Möglichkeiten Gottes, die von uns nicht beeinflussbar sind. Und dieser »Himmel« tut sich über den Getauften auf. Sie sollen in ihrem Leben nicht vergessen, dass Gottes Möglichkeiten immer weiter gehen als die Wirkungen des eigenen Handelns, dass Gott zu Hilfe kommt, wenn sie in der widersprüchlichen Welt versuchen, ihrer Berufung gerecht zu werden.

Weil das geschöpfliche Leben so ambivalent ist, deshalb ist der zweite Name, der bei der Taufe angerufen wird, so wichtig: *Jesus Christus*. Sein geistbegabtes und geisterfülltes Leben zeigt, wie die Auseinandersetzung mit den destruktiven Kräften geführt werden kann und

---

48 Vgl. Michael Welker, Zum Bild Gottes. Eine Anthropologie des Geistes, 2. Auflage Leipzig 2021. (Im Folgenden: Welker, Bild Gottes.)

soll, wie das Bild eines Menschen dem *Bild Gottes* entsprechen kann. Es ist dem Menschen möglich, sich selbst zugunsten anderer zurückzunehmen. In der Taufe wird der Mensch durch Jesus Christus berufen, der Gerechtigkeit, der Freiheit, der Wahrheit und dem Frieden zu dienen. So hat Jesus selbst gelebt und hat auf diese Weise die Samen einer neuen Welt gesät. Wer getauft ist, gehört zum geistlichen Leib Christi, also zu der Gemeinschaft derer, die das Werk Jesu weiterführen, weltweit, in den unterschiedlichsten kulturellen und politischen Kontexten, und die – unspektakulär oder in wahrnehmbarer öffentlicher Verantwortung – ihren Teil dazu beitragen, dass die Welt erhalten und bewahrt wird.

Und schließlich wird der *Heilige Geist* über den Täuflingen angerufen und mit Handauflegung zugesprochen: der Geist, den Jesus bei seiner Taufe empfangen hat, der ihn in die Wüste getrieben hat, damit er die Gefahren der Versuchlichkeit erkennt, der ihn heilsame Taten vollbringen ließ und ihm die Kraft gab, das unvermeidbare Leiden zu ertragen – genau dieser Geist in der Vielfalt seiner Wirkungsweisen wird den Getauften zugesprochen. Er wird die Getauften begleiten. Er wird sie befähigen, ihrer Berufung, *Bild Gottes* zu werden, zu entsprechen. Er wird in ihren Herzen lebendig sein, sich im Gebet anrufen lassen und für sie die Kraftquelle der Hoffnung sein. Taufe ist »christliche *Hoffnung in Aktion*«, so hat Jürgen Moltmann es ausgedrückt.[49]

Von Martin Luther wird gesagt, er habe in den Stunden der Verzweiflung laut gerufen: »Ich bin getauft!« Heute sollte hinzugefügt werden: »Und mit dem Geist begabt!«

[49] KKG, 261, im Original kursiv.

Zur christlichen Spiritualität gehört wesentlich die Gemeinschaft. Die Ausgießung des Geistes am Pfingsttag macht dies anschaulich deutlich: Wer den Geist des Auferstandenen empfängt, wird Teil einer Gemeinde, die über kulturelle Grenzen hinweg die unterschiedlichsten Menschen verbindet, ihnen gleiche Würde und vielfältige Gaben schenkt. Der geistliche Leib des Auferstandenen materialisiert sich in Menschen, die ihre Individualität und Kreativität gerade dadurch bewahren können, dass sie in ein geistliches Netzwerk eingebunden sind. Wer nur den Weg zu sich selbst sucht, ist den Gefahren der Einsamkeit, der Selbstzweifel oder der Selbstüberschätzung und der Fehleinschätzungen viel stärker ausgeliefert als diejenigen, die die Gemeinschaft pflegen. Die christliche Gemeinde ist eine Gemeinschaft, die durch Vielperspektivität zu Erkenntnis gelangt. Sie ist eine vielfältige Dienstgemeinschaft, die, wenn sie sich geistlich vernetzt, emergente Prozesse bewirken kann. Individuelle Spiritualität braucht diese Gemeinschaft, um durch lebendige Beziehungen an die motivierende Kraft des Geistes angeschlossen zu bleiben.

Die idealtypische Darstellung der Urgemeinde, die die Apostelgeschichte gleich auf die Pfingstgeschichte folgen lässt, verdeutlicht, wie der Geist in eine qualifizierte Gemeinschaft hineinführt: *Sie blieben aber beständig in der Lehre der Apostel und in der Gemeinschaft und im Brotbrechen und Gebet* (Apostelgeschichte 2,42).

Die Evangelischen Kirchen haben seit der Reformation viel Wert auf die *Lehre der Apostel*, auf die theologische Bildung der Getauften gelegt. Jede und jeder Getaufte soll auf einen selbstständigen, reflektierten Glaubensweg gestellt werden. Heute gehört dazu ein kindgemäßer Gottesdienst zum Kennenlernen der biblischen Geschichten, Religionsunterricht, der, dem Entwicklungsstand der Schülerinnen und Schüler entsprechend, eine denkerische Auseinandersetzung mit dem Glauben und mit seiner Bedeutung im gesellschaftlichen Leben und in einer multireligiösen Welt ermöglicht, und die Konfirmation, die die spirituelle Identität bekräftigt. Traditionellerweise ist dieser Glaubensweg in evangelischen Kirchen aus guten Gründen stark kognitiv ausgerichtet. Zusätzlich sollte aber der Aspekt der Spiritualität betont werden. Wo kann ich schon als Jugendlicher meine spirituelle Heimat finden? Wo kann ich lernen, mich im Geist der Nächstenliebe einzubringen und dabei positive Selbstwirksamkeitserfahrungen zu machen – also nicht irgendwo, sondern gerade in diesem diakonischen Dienst? Wo bekomme ich Mut, mich für Wahrheit und Gerechtigkeit einzusetzen?

Zentral für die spirituelle Wegbegleitung in der urchristlichen Gemeinde war das *Brotbrechen*. Bis heute ist die Feier des Abendmahls derjenige Ort, an dem die geistliche Wegbegleitung in der Gemeinschaft am intensivsten erlebt werden kann.[50] Es ist der Erfahrungsort der spirituellen Sozialität.[51] Die Gemeinschaft mit Christus »in der Nacht, da er verraten ward«, lässt die Kraft der Hingabe und des Leidens erfahren, die stärker ist als der Tod. Die Würdigung der Schöpfungsgaben, die auf dem Altar bereitet und in einer zugewandten Geste gegeben werden, zeigt die enge Gemeinschaft, in der wir Menschen mit Gottes Natur leben. Gleichzeitig vermittelt der Empfang des Brotes die geistliche Gemeinschaft mit dem Auferstandenen und seiner versammelten Gemeinde, im Geist mit der weltweiten Ökumene: An unzähligen Orten in unzähligen Ländern feiern Menschen das Mahl des Herrn und bilden ein weltumspannendes Netzwerk des Geistes, mit dem Gott seine Welt rettet, bewahrt und lebendig hält.

---

[50] Vgl. Michael Welker, Was geht vor beim Abendmahl? Gütersloh, Stuttgart 1999, 6. Auflage 2019.

[51] Hans-Martin Barth, Dogmatik, 637ff.

Diese geistliche Wirklichkeit in der Abendmahlsfeier zu erfahren, stärkt in sehr intensiver und eindrücklicher Weise die Zuversicht. Die erdrückende Last der Probleme, die ich als geistlich sensibilisierter Mensch alltäglich im Weltgeschehen wahrnehmen muss, verdeutlicht mir jeden Morgen neu meine Ohnmacht. Meine Wirksamkeit kommt mir vor wie ein zarter Tropfen auf einem glühenden Stein. Die Verzweiflung kann dann sehr beängstigend hinter der Tür lauern. In der Abendmahlsgemeinschaft werde ich mir gewiss, dass ich Teil eines weltumspannenden geistlichen Netzwerkes bin, das die Welt zusammenhält. Mein Tun ist nur ein kleiner Knoten, der dieses Netz am Ort meiner Wirksamkeit festigt, wichtig und wesentlich dort, wo ich lebe. Aber mein Tun kann getrost begrenzt bleiben, denn das Netz ist viel größer und reicht viel weiter als mein Erkenntnis- und Einflussbereich. Diese Gewissheit unterstützt meine Zuversicht, dass Gottes Möglichkeiten wesentlich umfassender sind, als ich es zu erkennen vermag.

Verkündigung – Wort und Geist

Zu einer christlich verstandenen Spiritualität gehört elementar die Verkündigung des Wortes. Die Wertschätzung dieser Verkündigung kann als das wesentliche Merkmal einer christlichen Spiritualität bezeichnet werden. So wichtig es ist, die Dimension des Geistes zu betonen, so wenig wird dadurch die Bedeutung des Wortes abgeschwächt. Es geht um Geist *und* Wort. Ohne die Verkündigung des Wortes wird der Geist zu einer numinosen Macht, irgendwie faszinierend, aber nicht wirklich fassbar oder verstehbar. Die geistlichen Erfahrungen, die die Bibel schildert, verbinden durchgehend den Geist mit dem Wort: eine Berufung, eine inhaltlich qualifizierte Sendung, die Verkündigung einer Verheißung gehören dazu, wenn ein Mensch von Gottes Geist bewegt wird. Besonders deutlich wird dies beim auferstandenen Christus: keine Erscheinung ohne die Ansprache der Jüngerinnen und Jünger, ohne die Erneuerung der Berufung, ohne einen Auftrag! Die neueren Geist-Christologien nehmen diesen Zusammenhang von Wort und Geist sehr ernst. Sie versuchen in ihrer systematisch-theologischen Entwicklung der Lehre von Christus das Anliegen der klassischen Logos-Christologie mit dem biblischen Geistverständnis zu verbinden.

Insofern ist es selbstverständlich, dass auch die Begründung der spirituellen Identität in der Taufe und die Erfahrung der spirituellen Sozialität im Abendmahl nicht ohne Wortverkündigung zu denken sind. Das Wort begleitet die geistliche Erfahrung. Und was für diese beiden Sakramente gilt, das gilt auch für das geistliche Leben insgesamt. Das Hören des Wortes Gottes im Gottesdienst oder in der persönlichen Andacht begleitet den persönlichen geistlichen Lebenslauf. Das Hören weckt den befreienden Glauben, stärkt das tiefe Vertrauen, von Gott selbst die Rechtfertigung geschenkt zu bekommen. Das Wort vermittelt den Zuspruch, aber auch den Anspruch des Evangeliums und stellt damit immer neu auf den Weg der Nachfolge.

Das Besondere eines geist-christologischen Verständnisses der Verkündigung ist die neue Sensibilität für das Wirken des Geistes in der Wortverkündigung. Der Geist weckt das Vertrauen in das befreiende Evangelium. Er verleiht denjenigen, die in die Nachfolge gerufen werden, die Gewissheit, für diese Nachfolge auch begabt zu werden mit vielfältigen Fähigkeiten und Kräften. Eine geistlich sensible Verkündigung wird deshalb die ethischen Ansprüche der Nachfolge nicht moralisierend vermitteln. Sie wird versuchen, das Vertrauen in die Wirksamkeit des Geistes zu wecken und exemplarisch aufzeigen, wo die Predigerin oder der Prediger Ansätze dieses Geistwirkens erkennt. Natürlich gehört auch die prophetische Dimension zur Predigt dazu: das öffentliche Benennen von Unwahrhaftigkeit, Unbarmherzigkeit, Ungerechtigkeit und Versöhnungsverweigerung. Eine geistlich sensible Verkündigung wird aber die Hörerinnen und Hörer mit der Anklage nicht allein lassen. Sie wird versuchen, Ansätze zu entdecken und zu vermitteln, die Zuversicht zulassen und die der Gemeinde helfen, ihre eigene Kreativität zu entwickeln, »was denn getan werden kann«. Predigerinnen und Prediger sind Zeuginnen und Zeugen des Evangeliums und sollen die Hoffnungszeichen (oder auch nur die Zeichen einer vorsichtigen Zuversicht) bezeugen, die sie mit dem »dritten Auge« (Corine Pelluchon) erkannt haben. Für die öffentlichen Zeuginnen und Zeugen gilt besonders: »Seid allezeit bereit zur Verantwortung vor jedermann, der von euch Rechenschaft fordert über die Hoffnung, die in euch ist« (1. Petrus 3,15). Auf dem Weg des Glaubens brauchen wir »gute Predigten«. Eine gute Predigt wird mir im Idealfall am Sonntagmorgen anhand exemplarischer Themen zeigen, dass es trotz bedrängender Tatsachen Zeichen der Hoffnung gibt, die mich zuversichtlich machen können. Sie wird mich anregen, selbst in meinen eigenen Lebensthemen diese Zeichen zu suchen, und wird mir helfen, zuversichtlich in die neue Woche zu gehen.

Eine besonders wirksame geistliche Praxis ermöglichen die Herrnhuter Losungen, die seit bald 300 Jahren Menschen auf ihrem Lebens- und Glaubensweg begleiten. Eindrücklich zeigen die Briefe Dietrich Bonhoeffers, wie diese, in der Herrnhuter Gemeinschaft ausgelosten Bibelworte ihn in der Gefängniszelle täglich neu angesprochen haben und ihm in seiner Situation und in seinen Gedanken geistige Anregung, persönlichen Trost und erstaunliche Zuversicht vermittelt haben. Das tägliche Losunglesen am Morgen, von manchen »Stille Zeit«

genannt, ist der kleine, persönliche Gottesdienst, der es uns ermöglicht, mit Zuversicht in den Tag zu gehen.

Die besondere Wertschätzung des Wortes in der evangelischen Tradition bedeutet nicht, dass die Vielfalt unterschiedlicher meditativer Praktiken oder besonders geschätzter individueller geistlicher Erfahrungsräume geringgeschätzt werden muss. Nicht jede geistliche Erfahrung muss unmittelbar mit einer Wortverkündigung verbunden sein. Das Wort, das ich am Sonntagmorgen gehört habe oder das mich in der persönlichen »Stillen Zeit« angesprochen hat, kann mich innerlich weiter begleiten. Von der befreienden und inspirierenden Kraft des Wortes begleitet kann das Naturerlebnis auf einer Bergwanderung oder ein Konzertbesuch am Abend – all dies und vieles mehr – zum spirituellen Erlebnis werden. Dass der geistliche Chorgesang hier eine besondere Rolle spielt, liegt in der Natur der Sache. Hier werden Wort und gemeinschaftliches musikalisches Erlebnis unmittelbar verbunden. »Wer singt, betet doppelt«, dieser Satz, der dem Kirchenvater Augustinus und auch Martin Luther zugesprochen wird, bringt es auf den Punkt.

Herrnhuter Lebensläufe

In der Herrnhuter Brüdergemeine, die durch die Tageslosungen weltberühmt geworden ist, gibt es die Tradition des Lebenslaufschreibens.[52] Es handelt sich dabei um eine selbst verfasste Darstellung der geistlichen Lebensgeschichte. Wegmarken des Glaubenslebens werden beschrieben: ein Erweckungserlebnis, die Taufe, der Eintritt in die Gemeinde, die erste Teilnahme am Abend-

[52] Ich beziehe mich auf die Informationen der Website des Sorbischen Instituts, Bautzen www.sorabicon.de – https://www.sorabicon.de/herrnhuter-lebenslaeufe/lebenslaeufe/ (abgerufen am 14.12.2025).

mahl, ehrenamtliche Dienste, die in der Gemeinde wahrgenommen wurden. Es geht also weniger um äußerliche Daten, wie familiäre Ereignisse oder um den beruflichen Werdegang, sondern um den Glaubensweg, den ein Mensch in seinem Leben gegangen ist. Wo hat er das Wirken des Heiligen Geistes gespürt? Wie hat er die Gemeinschaft in der Gemeinde erlebt? Welche Glaubenszweifel hat er überwunden? Der Lebenslauf hat in der Regel zwei Teile: Der erste Teil ist selbst handschriftlich verfasst. Der zweite Teil wird von Angehörigen angefügt. Dieser zweite Teil beschreibt die letzten Tage des Lebens und das Sterben. Adressat der Lebensläufe ist die Gemeinde. Der Lebenslauf wird während der Beerdigungsfeier verlesen. Hat ein Gemeindemitglied während seines Lebens, aus welchem Grund auch immer, keinen Lebenslauf verfasst, übernehmen Angehörige oder Mitarbeitende der Gemeinde die Aufgabe, oft unter Rückgriff auf vorhandene Informationen und Notizen.

Ein geistlicher Lebenslauf, geschrieben, um die persönliche Glaubensgeschichte bewusst zu machen, ist eine beachtliche spirituelle Tradition. Manche Herrnhuter Lebensläufe sind sehr kurz, sehr schlicht. Andere zeigen hohe Reflexionsfähigkeit und zeugen von aufmerksamer Zeitzeugenschaft. Immer aber geht es darum, in der äußeren Geschichte des eigenen Lebens die innere Geschichte zu entdecken. Dazu ist es nötig, gleichsam von sich selbst Abstand zu nehmen und zu fragen: Wer bin ich vor mir selbst, im Verhältnis zu meiner Gemeinde, vor Gott? Wie haben die Erfahrungen, die ich in »der Welt« gemacht habe, mich geprägt, gefördert oder verletzt? Wie bin ich mit diesen Erfahrungen umgegangen? Selbstachtsamkeit ist notwendig, verbunden mit kritischer Distanz zu sich selbst. Der geistliche Lebenslauf wird nicht nur für die Person selbst oder ihre Familie geschrieben. Er wird nach dem Tod öffentlich verlesen werden. Der Schreiber ist also herausgefordert, seine

Selbsterkenntnis und sein Verhältnis zu der Welt, in der er lebt (und dann gelebt haben wird) nach bestem Wissen und Gewissen zu überdenken.

Eine besondere geistliche Symbolik hat die Tradition dadurch, dass ein anderer die letzten Zeilen schreibt. Sie verdeutlicht, welche letzte geistliche Herausforderung in einem spirituellen Leben zu bewältigen ist. Ein Mensch muss bereit werden, abzugeben, loszulassen, die Feder nicht mehr selbst zu führen. Dabei gewinnt das Vorbild Jesu, dessen Leidensweg am Ende vollständiges Loslassen von ihm forderte, eine ultimative Relevanz.[53] Je intensiver im geistlichen Leben das Vertrauen auf die Macht des Geistes, der gegen allen Anschein Leben schaffen kann, hat wachsen können, desto zuversichtlicher wird ein Mensch im Angesicht des Todes das neue Leben bei Gott erwarten können.

Lange bevor die Biographiearbeit als strukturierte Form der Selbstreflexion in einem professionellen Setting entwickelt wurde,[54] gab es also in der Herrnhuter Brüdergemeinde diese Form der geistlichen Selbstachtsamkeit. In erstaunlicher Weise berührt diese Tradition die aktuellen Dimensionen spiritueller Sehnsucht: die Reise zu sich selbst; die Sehnsucht, dass es mehr im Leben gibt als nur das Alltägliche und dass mein Leben eine tiefere Dimension hat; die Frage, welche Heilungen in meinem Leben möglich waren und welche Gemeinschaft mich aufgerichtet und gestärkt hat; die Vergewisserung dessen, was mein Leben fest gründet; und nicht zuletzt die Frage, wie ich mit all dem mein Verhältnis zur Welt bestimmen kann.

Der geistliche Lebenslauf der Herrnhuter ist zweifellos eine Tradition, die eine neue Aufmerksamkeit verdient.

---

[53] Dies hat Christoph Raedel sensibel dargestellt in: Christoph Raedel, Das Altern, die Sehnsucht nach Unsterblichkeit und die Vollendung des Lebens, EvTh 2/2024, 144-160.

[54] Vgl. den Wikipedia-Artikel Biografiearbeit. https://de.wikipedia.org/wiki/Biografiearbeit (abgerufen am 20.12.2025).

Diese Lebensläufe sind mehr als Tagebücher. Weil der Auftrag darin besteht, die Erfahrungen des Geistes zu Papier zu bringen, ist der Autor oder die Autorin besonders sensibilisiert, diejenigen Erinnerungen zu bewahren, die ermutigend waren. Wo hat der Geist unverhofft gewirkt? Wer in dieser Weise sein Leben spirituell reflektiert, der wird immer wieder im Rückblick erkennen, dass sein Leben ganz anders verlaufen ist, als er es sich gedacht hatte. Und so wird sie oder er die Zuversicht bewahren, dass es auch morgen anders sein wird, als heute erwartet. Denn auch morgen wird der Geist weiter wirken. Er oder sie wird auf diese Weise nach und nach die eigene Lebensgeschichte als eine Geschichte mit vielen mutmachenden und Hoffnung weckenden Erfahrungen schreiben können.

III.2 »KIRCHE MIT ANDEREN« – EIN GEISTLICHES KIRCHENVERSTÄNDNIS

Jürgen Moltmann hat in seinen ersten drei Hauptwerken die Kirche sehr dynamisch und wirkungsstark entworfen. In der *Theologie der Hoffnung* (1964) ist es die »Exodusgemeinde«, die in der Erwartung des Reiches Gottes mit ihrer Verkündigung und ihrem Dienst wirkt, »damit kein Winkel dieser Welt ohne die Verheißungen Gottes auf Neuschöpfung aus der Kraft der Auferstehung bleibe« (TdH, 302). In dem Buch *Der gekreuzigte Gott* (1972) wird die Kirche als »Institution gesellschaftskritischer Freiheit« (gG, 305) verstanden, die mit der Kreuzestheologie über ein Kriterium verfügt, das sie befähigt, emanzipatorische Gesellschaftskritik zu üben. In *Kirche in der Kraft des Geistes* (1975) erfüllt die Kirche als »Kirche des Reiches Gottes« ihren Auftrag, in dem sie kraftvoll für Freiheit streitet, für die Unterdrückten Partei ergreift, sich an die Seite der Armen stellt und dadurch Anfechtung und Widerspruch erleidet (KKG, 153ff). Sein geist-christologischer Ansatz, der *in nuce* in diesen drei Büchern erkennbar, aber noch nicht entfaltet ist, gibt der Kirche ihre spirituelle Prägung. – Michael Welker hat das Wirken des Geistes in seiner Vielfalt profiliert. Ausgehend von der pfingstlichen Ausgießung des Geistes kann er nachzeichnen, wie der Geist Christi im Sinne des Dreifachen Amtes[55] wirkt und Menschen befähigt, in vielen politischen, gesellschaftlichen und kulturellen Kontexten konstruktive und kreative Veränderungen zu initiieren.

Hieran anknüpfend – und dies soll nun im Weiteren entfaltet werden – kann ein geistliches Verständnis der Kirche entwickelt werden. Wie kann die Kirche heute in einer Zeit extremer Herausforderungen bewusster aus der Kraft des auferstandenen Christus leben? Wie kann sie sensibilisiert werden für die vielfältigen Wirkweisen des Geistes? Um sich dieser Frage zu nähern, muss zunächst nüchtern in den Blick genommen werden, vor welchen Herausforderungen die Kirche steht.

Kirche in der Polykrise

Spätestens seit der Jahrtausendwende ist deutlich geworden, dass tiefgreifende Veränderungen auf die evangelische Kirche in Deutschland zukommen. Das Buch *Kirche in der Zeitenwende* (1998) von Wolfgang Huber[56] (»Zeitenwende« wurde damals noch schlicht als der

---

[55] Was dies für kirchenleitendes Handeln bedeutet, habe ich dargelegt in: Markus Dröge, Orientierung gewinnen. Die Bedeutung einer empirisch informierten praktischen Theologie für die Aufgabe der Kirchenleitung, in: Praktische Theologie 51, 3/2016, 152-158.

[56] Wolfgang Huber, Kirche in der Zeitenwende. Gesellschaftlicher Wandel und Erneuerung der Kirche, Gütersloh 1998. (Im Folgenden: Huber, Zeitenwende.)

Übergang vom 20. ins 21. Jahrhundert verstanden!) und das Impulspapier des Rates der EKD *Kirche der Freiheit* (2006)[57] haben innerhalb der Evangelischen Kirche in Deutschland geradezu aufschreckend gewirkt. Dort, wo diese Impulse ernsthaft diskutiert wurden, setzte sich schnell die Erkenntnis durch, dass es ein *Weiter-so* nicht geben könne. Planungen wurden notwendig, um sich auf die prognostizierten Entwicklungen einzustellen. Michael Domsgen und Tobias Foß formulieren prägnant: »Spätestens seit der Jahrtausendwende ist klar, dass das ganze Gefüge kirchlicher Arbeit in eine Schieflage geraten ist.«[58] Krisen auf den unterschiedlichen Ebenen haben zu der Erfahrung geführt, »dass Dinge nicht mehr funktionieren, die bisher weitgehend gut liefen« (131). Wolfgang Huber hatte 1998 die vielfältigen Krisenphänomene der evangelischen Kirche eindrücklich beschrieben: Mitgliederkrise, Finanzkrise, Mitarbeiterkrise, Vereinigungskrise, Organisationskrise, Krise des Krisenmanagements, Orientierungskrise. Rückblickend ist heute zu sagen: Dieser Weckruf hat dazu geführt, dass in vielen Bereichen deutliche Fortschritte in der Krisenbewältigung gemacht worden sind. Andere dieser Krisen haben sich inzwischen weiter verschärft. Dies gilt besonders für die Mitglieder- und Finanzkrise. Vom aktuellen Stand aus berechnet muss von einer Halbierung der Mitgliederzahl bis 2060 ausgegangen werden (125). Dazu kommt: Um die Jahrtausendwende war weder voraussehbar, dass die Coronapandemie das kirchliche Le-

---

[57] Kirchenamt der Evangelischen Kirche in Deutschland (EKD), Kirche der Freiheit. Perspektiven für die Evangelische Kirche im 21. Jahrhundert. Ein Impulspapier des Rates der EKD, Hannover 2006.

[58] Michael Domsgen/Tobias Foß, Diakonie und Kirche. Was sich an Herausforderungen und Möglichkeiten ergibt, wenn ihre Verbindung nicht nur postuliert wird. EvTh 2/2022, 124-132. (Im Folgenden: Domsgen/Foß), 130. (Seitenzahlen in Klammern beziehen sich im Folgenden auf diesen Artikel.)

ben zusätzlich empfindlich beeinträchtigen würde, noch war der massive Vertrauensverlust durch die erschreckend hohe Zahl an Fällen sexualisierter Gewalt im Verantwortungsbereich der Kirchen im Blick. Ein Thema, das die Kirchen noch lange erschüttern wird.

Auch ahnte niemand, dass eine noch ganz andere »Zeitenwende« bevorstand: die Veränderung der globalen Großwetterlage. Inzwischen schafft die antiliberale Gegenrevolution in vielen Ländern Europas und der Welt politisch und gesellschaftlich eine betont feindliche Atmosphäre gegenüber allen Organisationen, die sich der Gerechtigkeit, der Freiheit, der Wahrhaftigkeit und dem Frieden und damit insgesamt der Zielvorstellung einer vielfältigen liberalen Gesellschaft im Geist der Menschenrechte verpflichtet fühlen. Der in Deutschland erstarkte Rechtspopulismus und -extremismus hat die traditionellen Großkirchen erklärtermaßen als Feindbild identifiziert. Überall, wo es diesen antidemokratischen Kräften gelingen sollte, Machtpositionen einzunehmen, ist damit zu rechnen, dass die Kirchen aktiv bekämpft und institutionell geschwächt werden.

Angesichts dieser Polykrise ist inzwischen die Vorstellung überholt, dass die beiden Großkirchen in Deutschland zukünftig ihren Status als gesellschaftlich anerkannte Großorganisationen im Wesentlichen beibehalten könnten, wenn sie nur, engagiert und mit klaren Zielvorgaben gemanagt, die anstehenden Probleme bearbeiten würden. Heute ist deutlich, dass sich in dem aktuellen Transformationsprozess der Institution Kirche die Umrisse eines neuen Kirchenbildes erst allmählich und prozesshaft entwickeln.

Viele der politischen und gesellschaftlichen Krisen haben globale Ausmaße. Die lokalen und regionalen Steuerungsmöglichkeiten zur Krisenbewältigung sind daher sehr eingeschränkt. Die globale Ausrichtung des kirchlichen Handelns, mit dem Ziel, einen wesentlichen

Beitrag zu einer gerechteren und friedlicheren Welt zu leisten, war bei Jürgen Moltmann noch wie selbstverständlich einbezogen. Heute tun sich die Kirchen vielfach schwer, Resonanz zu gewinnen mit Stellungnahmen zu den seit 1983 im Rahmen des ökumenischen *Konziliaren Prozesses* fokussierten Themen: Gerechtigkeit, Frieden und Bewahrung der Schöpfung.

In dieser besonders herausfordernden Situation einer Polykrise tut die Kirche gut daran, sich auf ihre geistlichen Kraftquellen zu besinnen. Wenn sie sich dabei auf ein biblisches Geistverständnis bezieht, wird diese Selbstbesinnung keinesfalls zu einer neuen, zurückgezogenen Innerlichkeit führen. Sie wird sich vielmehr am Geist des auferstandenen Christus orientieren, der königlich, priesterlich und prophetisch in dieser Welt wirkt. Jürgen Moltmann hat diese Weltverantwortung der Kirche schon in einer seiner frühen, wenig bekannten Schriften prägnant formuliert. Die »Mitte (der Kirche) hat, wo sie wirklich begegnet, herausschleudernde Kraft in sich«.[59] Wenn die Kirche ihre Mitte sucht, wird sie immer diese »Mitte mit herausschleudernder Kraft« finden.

Die Kirche lebt aus der Kraft des auferstandenen Christus

»In der Krise offenbart sich der wahre Charakter eines Menschen.« Dieses bekannte Zitat des ehemaligen Bundeskanzlers Helmut Schmidt lässt sich durchaus auch auf die Kirche Jesu Christi beziehen. Die Barmer Theologische Erklärung des Jahres 1934 ist das Produkt einer existentiellen Krise der Evangelischen Kirche. Eine Kir-

[59] Jürgen Moltmann, Die Gemeinde im Horizont der Herrschaft Christi. Neue Perspektiven in der protestantischen Theologie, Neukirchen 1959. (Im Folgenden: Moltmann, Gemeinde im Horizont), 34. Vgl. dazu: Dröge, Kirche, 61-63.

che, die sich bis dahin geistig noch kaum aus der traditionell engen Bindung an die Obrigkeit gelöst hatte, musste sich in Deutschland gegen eine neue, totalitäre Obrigkeit und ihre Ideologie, die auch theologisch rezipiert wurde, klar und unmissverständlich abgrenzen. Das geistliche Selbstverständnis der evangelischen Kirche ist damals unter dem starken Druck der Umstände prägnant formuliert worden.

Alle evangelischen Landeskirchen in Deutschland haben inzwischen die Barmer Theologische Erklärung aus dem Jahr 1934 in ihre Grundordnungen aufgenommen. Nicht alle haben sie explizit als Bekenntnistext aufgenommen. Aber unbestritten ist in allen Kirchen, dass diese Erklärung eine bleibend wichtige Auslegung der Bekenntnistexte der Alten Kirche und der Reformationszeit darstellen.

Für das geistliche Verständnis der Kirche ist besonders die Dritte These der Barmer Erklärung wichtig:

> *These III:*
> *Lasst uns aber wahrhaftig sein in der Liebe und wachsen in allen Stücken zu dem hin, der das Haupt ist, Christus, von dem aus der ganze Leib zusammengefügt ist. (Epheser 4,15+16)*
>
> *Die christliche Kirche ist die Gemeinde von Brüdern, in der Jesus Christus in Wort und Sakrament durch den Heiligen Geist als der Herr gegenwärtig handelt. Sie hat mit ihrem Glauben wie mit ihrem Gehorsam, mit ihrer Botschaft wie mit ihrer Ordnung mitten in der Welt der Sünde als die Kirche der begnadigten Sünder zu bezeugen, dass sie allein sein Eigentum ist, allein von seinem Trost und von seiner Weisung in Erwartung seiner Erscheinung lebt und leben möchte.*

Der nach dem Bibelzitat folgende erste Satz der These ist zentral für das geistliche Kirchenverständnis. Und genau hier kann ein geist-christologisches Kirchenverständnis ansetzen. Es kann diesen Satz mit neuem Leben füllen! Kurz und prägnant wird hier zusammengefasst, was das Selbstverständnis der Kirche ausmacht: Die Kirche ist die geschwisterliche Gemeinschaft, in der Jesus Christus durch den Geist als der Auferstandene lebt. In der Verkündigung und in den Sakramenten ist er präsent. Auf diese Weise handelt er in der Kirche. Er stärkt und sendet die Christinnen und Christen zum Zeugnis in der Welt.

Was Michael Welker in seiner Christologie zum königlichen Amt Christi entfaltet hat, verdeutlicht, worum es geht, wenn in der dritten These davon die Rede ist, dass Jesus Christus »als der Herr« in seiner Gemeinde lebt. Seine Herrschaft ist das Reich Gottes. Es ist dort lebendig, wo Menschen Nächstenliebe üben, wo sie sich selbst und ihre Interessen um des Nächsten willen zurückstellen. Damit dieses Reich sich ausbreitet, hat der Auferstandene zu Pfingsten den Geist ausgegossen. So kann sich das Reich nun überall dort ausbreiten, wo die Jüngerinnen und Jünger in seinem Namen reden und handeln. Sie werden in der Taufe berufen und mit dem Geist begabt. In Brot und Wein werden sie gestärkt, indem sie die Gemeinschaft mit dem Leib Jesu Christi und dem geistlichen Leib der Jüngerinnen und Jünger erfahren. Durch die Verkündigung werden sie inspiriert und motiviert, kreativ zu wirken und ihren Teil dazu beizutragen, damit das Reich Gottes in unterschiedlichen Kontexten emergiert.

Eine geistliche Kirche ist eine diakonische Kirche

Ein geistliches Kirchenverständnis, das seinen Ansatzpunkt in der dritten Barmer These findet, muss Wort und Sakrament ernst nehmen und für eine angemessene Gestaltung Sorge tragen. Denn Wort und Sakrament sind die Erfahrungsorte, an denen die Kraft des Geistes erkennbar und erlebbar wird. Sie sind der Ursprungsort des geistlichen Wesens der Kirche, der Ort, an dem die Christenheit sich selbst des Geistes versichert und an dem sie am intensivsten die Realität des Geistes erfahren kann. Hier wird unmissverständlich deutlich: Der Geist Gottes ist kein Numinosum. Er ist klar identifizierbar, hat eine klare Ausrichtung.

Das biblische Geistverständnis macht aber auch sehr deutlich, dass der Geist keinesfalls ausschließlich durch Wort und Sakrament in der Welt wirkt. Diese Erkenntnis spiegelt sich in der Barmer Theologischen Erklärung leider nicht wider, auch nicht ansatzweise. Zwei Defizite der Barmer Theologischen Erklärung müssen, unbeschadet ihrer Prägnanz und bleibenden Bedeutung, heute nüchtern zur Kenntnis genommen werden.[60]

Zum einen: Die Barmer Theologische Erklärung denkt streng vom Selbstverständnis der Kirche aus. Dies ist angesichts der Konfrontationssituation Anfang der 1930er Jahre verständlich. Es ging damals darum, die Kirche vor bekenntnisfremden Einflüssen zu schützen. Eine vertiefte Erkenntnis der Wirkungsweisen des biblisch bezeugten Geistes macht es jedoch heute theologisch notwendig, diese Engführung zu überwinden. Heute gilt es zu betonen: Überall wo Menschen die Samen des Reiches Gottes aussäen, wo sie Nächstenliebe üben, um Bedrängten zu helfen, wo sie der Wahrheit gegen die Lüge die Ehre geben, wo sie Gerechtigkeit gegen Menschenverachtung einfordern, wo sie festhalten an der gleichen Würde aller Menschen als Ebenbilder Gottes – überall dort ist es derselbe Geist, der wirkt. Es ist der Geist des Auferstandenen, der sowohl die Gemeinde im Wort anspricht und in Brot und Wein stärkt, als auch außerhalb der Kirchenmauern wirkt.

---

[60] Zum Folgenden vergleiche: Welker, Gottes Offenbarung, 219-227.

Rückblickend kann gesagt werden: Hätte Barmen diese Vielfalt des Geistes bewusster wahrgenommen, wäre der Blick der Bekennenden Kirche geweitet worden. Das Leiden der bedrängten, diffamierten, angegriffenen und in den Tod getriebenen Mitbürgerinnen und Mitbürger in der Nazidiktatur, Christen wie Nichtchristen, wäre eher in den Blick gekommen. Die Aufgabe, diesen Bedrängten zu helfen, wäre klarer erkannt worden. Die politische Verantwortung der Kirche, prophetisch zu reden und zu handeln, wäre deutlicher wahrgenommen worden. Die Bedeutung Dietrich Bonhoeffers liegt bis heute auch darin, dass er einer der wenigen war, der diese – in der Barmer Theologischen Erklärung vermisste – geistliche Weite gehabt hat, und dass er beispielgebend sein Leben danach ausgerichtet hat – anders als die meisten Kirchenmitglieder der damaligen Zeit.

Zum anderen fällt auf, dass das Element der Diakonie, des Dienstes am Nächsten, keine Erwähnung in der dritten Barmer These findet, obwohl diese diakonische Dimension traditionell zur Königsherrschaft Christi in der Drei-Ämter-Lehre dazugehört. Biblisch ist diese Dimension sehr deutlich: Christus ist König und *als König* Diakon. Seine Herrschaft besteht gerade darin, dass er vorbildlich den Weg des Dienens geht: »... der Menschensohn ist nicht gekommen, dass er sich dienen lasse, sondern dass er diene und sein Leben gebe als Lösegeld für viele« (Markus 10,45).

Die Wirkung dieses theologisch begrenzten Blicks der Barmer Erklärung ist vielfach kritisiert worden: Barmen hatte das Leiden der Bedrängten, und besonders das Leiden der in ihrer Würde fundamental angegriffenen Jüdinnen und Juden nicht im Blick. Umso notwendiger ist es, heute dieses Defizit theologisch zu korrigieren: Christus ist nicht nur in Wort und Sakrament für die Gemeinde der Schwestern und Brüder da. Er ist auch dort durch seinen Geist präsent, wo dem Bedürftigen gedient werden muss. Neu ist diese Erkenntnis wahrlich nicht. In der Darstellung des Weltgerichtes in Matthäus 25, 31-46 identifiziert sich Jesus mit den Bedürftigen. Dies muss heute sehr viel stärker als bisher herausgearbeitet werden. Bei aktuellen Interpretationen der Barmer Theologischen Erklärung sollte diese Dimension mitbedacht werden:

Die christliche Kirche ist die Gemeinde von Schwestern und *Brüdern, in der Jesus Christus in Wort und Sakrament* und im Dienst am Nächsten *durch den Heiligen Geist als der Herr gegenwärtig handelt.*

Von der *Kirche für andere* zur *Kirche mit anderen*

Ein geistliches Verständnis der Kirche muss deshalb heute sehr viel stärker Kirche und Diakonie zusammendenken. Theoretisch wird dieser Aussage kaum jemand widersprechen. Die Praxis sieht allerdings weithin noch anders aus. Michael Domsgen und Tobias Foß bringen es auf den Punkt: Die Kirchen postulieren zwar immer wieder den Zusammenhang von Kirche und Diakonie, »sie [haben] jedoch bisher nicht ernsthaft ins Auge gefasst, die Aufgabenfelder miteinander zu koppeln«.[61] Es besteht deutlicher Nachholbedarf. Domsgen und Foß sehen auch die damit zusammenhängende theologische Aufgabe: »Theologisch ergibt sich hier die Herausforderung, Christentum und Gott ganz eng mit gesellschaftlicher Verantwortlichkeit zusammenzudenken.«[62] Sie denken dabei an einen Rückgriff auf befreiungstheologische Konzepte. Theologisch aktueller und für den gesellschaftlichen Kontext in Westeuropa passender erscheint es, ein geistliches Kirchenverständnis im Sinne der Geist-Christologie für diese Aufgabe fruchtbar zu

[61] Domsgen/Foß, 131.
[62] Domsgen/Foß, 126.

machen. Ein bewusst geistliches Verständnis der Kirche führt ganz selbstverständlich zu dem engen Zusammenhang von Kirche und Diakonie. Um dies deutlich zu machen, kann an die sehr wirkmächtigen Gedanken Dietrich Bonhoeffers zu einer »Kirche für andere« angeknüpft werden. Dass es zum Wesen der Kirche gehört, für andere da zu sein, gehört zu den Grundüberzeugungen, die seit der Rezeption von Dietrich Bonhoeffers Gefängnisbriefen in der evangelischen Kirche präsent sind.

Dietrich Bonhoeffer hat am 3. August 1944 in seiner Zelle einen »Entwurf für eine Arbeit« formuliert. Dort heißt es:[63]

> *Die Kirche ist nur Kirche, wenn sie für andere da ist. Um einen Anfang zu machen, muß sie alles Eigentum den Notleidenden schenken. Die Pfarrer müssen ausschließlich von den freiwilligen Gaben der Gemeinden leben, evtl. einen weltlichen Beruf ausüben. Sie muß an den weltlichen Aufgaben des menschlichen Gemeinschaftslebens teilnehmen, nicht herrschend, sondern helfend und dienend. Sie muß den Menschen aller Berufe sagen, was ein Leben mit Christus ist, was es heißt, »für andere dazusein«.*

Dieses Programm Bonhoeffers klingt geistlich überzeugend. Ganz im Sinne des Bibelwortes: *Trachtet zuerst nach dem Reich Gottes und nach seiner Gerechtigkeit, so wird euch das alles zufallen* (Matthäus 6,33) oder des Gleichnisses vom Reichen Jüngling (Matthäus 19,16-26) wird die Kirche in sehr radikaler Weise aufgerufen zur »freien, schöpferischen Selbstbegrenzung und Selbstzu-

---

[63] Dietrich Bonhoeffer, Widerstand und Ergebung. Briefe und Aufzeichnungen aus der Haft. Dietrich Bonhoeffer Werke, Band 8. Christian Gremmels, Eberhard Bethge (+) und Renate Bethge in Zusammenarbeit mit Ilse Tödt (Hrsg.), Gütersloh 1998, 560.

rücknahme zugunsten des Nächsten«,[64] wie Michael Welker es formuliert.

In der Nachkriegszeit, in der die Gefängnisbriefe Bonhoeffers stark rezipiert worden sind, wurde der vorgeschlagene Verzicht auf das Eigentum der Kirche zugunsten der Notleidenden nicht vollzogen. Allerdings erfuhr der Satz »Sie [die Kirche; M. D.] muß an den weltlichen Aufgaben des menschlichen Gemeinschaftslebens teilnehmen, nicht herrschend, sondern helfend und dienend« eine starke Resonanz. Er wurde in einer Zeit, in der die Kirche institutionell zunehmend gefestigt war, als Anregung dafür verstanden, sich als Träger sozialer, kultureller, pädagogischer oder politischer Projekte einzubringen. Leider führte dies vielfach zu einer Auseinanderentwicklung des gesellschaftsdiakonischen Engagements einerseits und des geistlichen Gemeindelebens andererseits. Dabei ist es wohl weniger die – in vielen Fällen notwendige und sinnvolle – institutionelle Ausdifferenzierung, die zu einer Entfremdung geführt hat. Es war eher die kaum vorhandene theologische Durchdringung des Zusammenhanges von Kirche und Diakonie. Bonhoeffer hatte formuliert: Die Kirche für andere »muß den Menschen aller Berufe sagen, was ein Leben mit Christus ist, was es heißt, ›für andere dazusein‹«.

Das bedeutet: Für Dietrich Bonhoeffer gehörten der diakonische Dienst und das Zeugnis für Christus in einer »Kirche für andere« wesentlich zusammen.

Mit einem geistlichen Kirchenverständnis, das bewusst geprägt ist vom biblisch bezeugten vielfältigen Geistwirken, können Brücken geschlagen werden. So kann etwa der befreiende Geist in Beziehung gesetzt werden zu emanzipatorischen sozialpädagogischen Ansätzen, der prophetische Geist zu menschenrechtsorientierter Sozialarbeit, der priesterliche Geist zum weiten Feld berateri-

---

[64] Welker, Gottes Offenbarung, 208-219.

scher Aufgaben – um nur einige Beispiele zu nennen. Ein weites Feld pädagogischer und interdisziplinärer Möglichkeiten tut sich auf. Mit den Erkenntnissen der Geist-Christologie kann in sehr konstruktiver Weise »Christentum und Gott ganz eng mit gesellschaftlicher Verantwortlichkeit« (Domsgen/Foß) zusammengedacht werden.

Kirche und Diakonie geistlich und praktisch zusammendenken

Es gibt drei überzeugende Gründe, die Arbeitsfelder der verfassten Kirche und der unternehmerisch geführten Diakonie stärker zu koppeln: erstens das geistliche Selbstverständnis von Kirche und Diakonie, zweitens die immensen Herausforderungen der gesellschaftlichen und politischen Situation, vor Ort und weltweit, die ein klar profiliertes Selbstverständnis erfordern, um sich zu behaupten, und drittens die Notwendigkeit, die Kräfte angesichts zurückgehender Kirchenmitgliederzahlen und enger finanzieller Spielräume zu bündeln.

Die Diakonie steht heute vor der Aufgabe, das christliche Profil ihrer Arbeit in einem Umfeld deutlich zu machen, das sich von christlichen Inhalten und Traditionen zunehmend entfernt. Es wird schwieriger, für die vielfältigen Aufgaben christlich sozialisierte Mitarbeitende zu finden. Die Anzahl der Nicht-Kirchenmitglieder unter den Mitarbeitenden nimmt zu, und dies ist nicht mehr vorrangig ein Problem in Ostdeutschland. Obwohl das Bundesverfassungsgericht mit seinem Urteil vom 29. September 2025 (2 BvR 934/19) das Recht kirchlicher Einrichtungen gestärkt hat, Mitarbeitende nach eigenen Kriterien einzustellen, wird in der Praxis zunehmend nur noch für leitende Funktionen oder für pastorale Aufgaben die Kirchenmitgliedschaft gefordert.[65] Die Richtlinien über die Anforderungen an die Mitarbeit in der Evangelischen Kirche sind inzwischen so weiterentwickelt worden, dass zwischen Aufgabenfeldern, in denen von Mitarbeitenden eine Kirchenmitgliedschaft erwartet wird, und Aufgabenfeldern, in denen dies nicht notwendig ist, unterschieden wird. Von allen aber wird Loyalität gegenüber dem kirchlich-diakonischen Auftrag erwartet.

In der »Mitarbeitsrichtlinie« des Rates der EKD vom 20. Januar 2024[66] wird zwischen notwendiger Kirchenmitgliedschaft in bestimmten Aufgabenfeldern und einer generell von allen Mitarbeitenden geforderten Loyalität unterschieden: Jede und jeder Mitarbeitende hat »Mitverantwortung für die glaubwürdige Erfüllung kirchlicher und diakonischer Aufgaben« (§ 5). Diesbezüglich können die kirchlichen Arbeitgeber Loyalität erwarten und verlangen. Umgekehrt haben die kirchlichen und diakonischen Anstellungsträger die Aufgabe für die evangelische Identität der Einrichtung Sorge zu tragen: Die Anstellungsträger »haben die Aufgabe, ihre Dienststellen und Einrichtungen … dem kirchlichen Auftrag gemäß zu gestalten« (§ 3).

Aufgabe der Träger ist es, auch diejenigen Mitarbeitenden in einen bewusst christlich geprägten diakonischen Auftrag mit hineinzunehmen, die bisher in ihrem Lebenslauf wenig mit christlichen Inhalten in Berührung gekommen sind. Ihnen muss verstehbar gemacht werden, wozu sie sich loyal zu verhalten haben. Diese Aufgabe ist sehr sensibel. Denn christliche Überzeugungen können nicht verordnet werden. Das Evangelium muss glaubwürdig vermittelt werden, ebenso ein christliches Menschen- und Weltverständnis sowie die Grundzüge

---

65 Vgl. epd Wochenspiegel, Deutschlandausgabe 50, 8.12.2025, Dritter Weg: Kirchenmitgliedschaft spielt kaum noch eine Rolle..

66 »Mitarbeitsrichtlinie« vom 20. Januar 2024 https://kirchenrecht-ekd.de/pdf/55297.pdf (abgerufen am 4.2.2026).

einer christlichen Ethik. Diakonische Träger legen deswegen heute viel Wert auf entsprechende Fortbildungen. Berührungspunkte und inhaltliche Überschneidungen ergeben sich aus der gemeinsamen Motivation, Notleidenden zu helfen, Solidarität zu üben, Teilhabechancen zu verbessern, Menschen mit unterschiedlichen Unterstützungsbedarfen professionell zu fördern und sich für gesellschaftliche Gerechtigkeit einzusetzen.

Im Sinne eines geistlichen Kirchenverständnisses könnte hier zukünftig noch sehr viel stärker vermittelt werden, dass es einen gemeinsamen Geist bei Christen und Nicht-Christen gibt, wenn es um Nächstenliebe, Barmherzigkeit, Hilfsbereitschaft, ja auch um einen prophetischen Auftrag in der Gesellschaft geht, für Gerechtigkeit einzustehen. Domsgen und Foß haben den sehr überzeugenden Vorschlag gemacht, mit einer Form von geistlicher Beauftragung auch für nicht-christliche Mitarbeitende deutlich zu machen, dass die gemeinsame Arbeit aus einem Geist heraus geschieht. Und zu diesem Geist können sich Christen und Nicht-Christen loyal bekennen.

Domsgen und Foß schlagen eine Form von geistlicher Beauftragung vor, die sich an der Vokation von Religionslehrerinnen und -lehrern orientiert. Nach Abschluss einer speziellen Fortbildung, in der die Grundzüge des kirchlichen und diakonischen Selbstverständnisses vermittelt wird, könnten nicht-christliche Mitarbeitende in einem besonderen Akt eine verbindliche Beauftragung für ihren Dienst bekommen.

Diese Idee weiterführend, wäre es denkbar, dass dabei sehr individuell in einem vorbereitenden Gespräch das gemeinsame Verständnis des Dienstes geklärt wird. Die Leitlinien der jeweiligen diakonischen Einrichtung sollten dabei maßgeblich mit einbezogen werden. Für den Akt der Beauftragung könnte für die nicht-christlichen Mitarbeitenden (oder besser noch: von ihnen selbst) ein Text formuliert werden. Mit diesem Text würde die persönliche Überzeugung ausgedrückt, die sich in Beziehung setzt zu dem diakonischen Selbstverständnis der Einrichtung. So würde deutlich, dass es um einen gemeinsamen Geist geht, aus dem heraus die Dienstgemeinschaft lebt und der den Überzeugungen der Mitarbeitenden entspricht.

Die Kirchengemeinden ihrerseits stehen vor der Herausforderung, mit kleiner werdenden Gemeindemitgliederzahlen und zurückgehender Anzahl von Mitarbeitenden umzugehen. Für nicht mehr notwendige kirchliche Bauten und Grundstücke müssen zukunftsfähige Konzepte erarbeitet werden, wenn nicht vorschnell die wertvollen Ressourcen einfach abgestoßen werden sollen. Kirchen- und Gemeinderäume sollten nach Möglichkeit auch dann ihren kulturellen und gemeinwesenorientierten Wert und Auftrag behalten, wenn sie für die Gemeindearbeit im engeren Sinne nicht mehr benötigt werden.

Wenn diakonische Einrichtungen enger mit Kirchengemeinden zusammenarbeiten, wenn gemeinsam analysiert wird, welcher christliche Dienst in einem Gemeinwesen vorrangig notwendig ist, und wenn dann Projekte entworfen werden, in die Kirchengemeinden und diakonische Einrichtungen gemeinsam ihre Ressourcen einbringen, ergeben sich deutliche Win-win-Effekte. Diakonische Einrichtungen ermöglichen es ihren Mitarbeitenden, im Alltag christliches Gemeindeleben kennenzulernen, Kirchengemeinden bekommen die Gelegenheit, über das Klientel der Diakonie Kontakt zu Menschengruppen zu finden, zu denen sie sonst wenig Bezug haben.

Zwei praktische Beispiele der Lafim-Diakonie Potsdam

Die Lafim-Diakonie hat an jedem ihrer Standorte Diakonie-Beauftragte. Die Diakonie-Beauftragten sind Mitarbeiterinnen und Mitarbeiter, denen das diakonische

Profil ihres Standortes ein besonderes und persönliches Anliegen ist. Sie kümmern sich um die Andachten, Aussegnungen und den Kontakt zu den Kirchengemeinden. Sie laden Pfarrerinnen und Pfarrer in die Häuser der Diakonie zu Andachten und Jahresfesten ein oder vermitteln seelsorgerliche Gespräche. Die Diakonie-Beauftragten können jährlich an einer zweitägigen Klausur teilnehmen und erhalten darüber hinaus Tagesfortbildungen. Diakonie-Beauftragte der Lafim-Diakonie haben keine spezifisch kirchlich-diakonische Berufsausbildung. Sie sind im Hauptberuf im Pflegedienst, in der Betreuung, im Hausmeisterdienst oder in der Standortleitung der Lafim-Diakonie tätig.

Ein Beispiel institutioneller Kooperation: Eine Kooperation zwischen einer Kirchengemeinde und der Lafim-Diakonie wurde zum 01.01.2026 nach mehrjähriger Vorlaufzeit eingeführt. Die Lafim-Diakonie hat die »Evangelische KiTa Fehrbellin« von der Evangelischen Kirchengemeinde im Ländchen Bellin übernommen. Sie soll weiterhin als Kindertagesstätte der Kirchengemeinde wahrgenommen werden. Die Lafim-Diakonie übernimmt die kaufmännische Steuerung, die Gebäudeunterhaltung, die Mitarbeitendenführung und -verwaltung, die pädagogische Begleitung, die Refinanzierungsverhandlungen und das Controlling. Die Kirchengemeinde unterstützt dagegen weiterhin die religionspädagogische Arbeit; Pfarrerin oder Pfarrer sind in der KiTa präsent. Die KiTa nimmt aktiv am Gemeindeleben (z. B. Krippenspiel, Gemeindefest, Familiengottesdienste) teil. Auf diese Weise sollen die Lafim-Diakonie und die Kirchengemeinde mit ihren je eigenen Stärken und Profilen zusammenwirken und gemeinsam Kirche und Gemeinschaft vor Ort leben.

Der Geist des auferstandenen Christus wirkt auch außerhalb der Grenzen christlicher Gemeinschaften und kirchlicher Institutionen. Er wirkt auch im säkularen Raum, auch in anderen religiösen Kulturen. Denn auch Menschen anderer religiöser und kultureller Prägung sind vom Geist motiviert, im Sinne des Reiches Gottes zu wirken. Es tut sich für die Kirche eine neue, zuversichtliche Perspektive auf, wenn sie diese Erkenntnis ernst nimmt und wenn sie bereit ist, im Dialog mit säkularen gesellschaftlichen Institutionen sowie im interreligiösen und interkulturellen Dialog nach Partnerinnen und Partnern zu suchen und Kooperationen mit ihnen einzugehen.

Bischöfin Kristina Kühnbaum-Schmidt von der Evangelisch-Lutherischen Kirche in Norddeutschland hat das Zukunftsbild einer »kooperierenden Kirche« gezeichnet, überzeugt davon, dass sich genau dieses Bild zunehmend in den kirchlichen Entwicklungen abzeichnet.[67] Die Kirche, die vom gesellschaftlichen Spielführer inzwischen zu einem der vielen gesellschaftlichen Mitspieler geworden ist,[68] braucht nicht vergangener institutioneller Stärke nachzutrauern. Sie kann sich sehr bewusst und aktiv als Mitspielerin einbringen. Eine Kirche, die sich als *kooperierend* versteht, kann diese Kooperation selbstbewusst leben, wenn sie sich ihres geistlichen Selbstverständnisses vergewissert. »Kirche mit anderen« ist nicht mehr eine Kirche, die aus der eigenen institutionellen Stärke heraus, »für andere« da ist. Sie kooperiert *teilnehmend, nicht herrschend* (nach Dietrich Bonhoeffer) und tut dies nicht notgedrungen und widerwillig, sondern im vollen Be-

---

[67] Kristina Kühnbaum-Schmidt, Kooperierende Kirche werden. Kybernetische Perspektiven, in: EvTh 6/2022, 429-437.

[68] So in der Überschrift des Themenheft der EvTh 6/2022: »Paradigmenwechsel. Wenn christliche Kirchen von Spielführerinnen zu Mitspielerinnen werden«.

wusstsein, dass sie damit ihren geistlichen Auftrag erfüllt. Theologisch formuliert ist es der Auftrag, sich mit möglichst vielen Kräften zu vernetzen, die sich im Sinne des Reiches Gottes für Nächstenliebe und Gerechtigkeit, Wahrhaftigkeit und Versöhnung einsetzen. Sie erfüllt dann ihren Auftrag nicht nur durch ihr eigenes Engagement, sondern auch dadurch, dass sie durch vielfältige Kooperationen ein geistliches Netzwerk baut und unterstützt, um die emergenten Prozesse des Reiches Gottes zu stärken. So lässt sich das geistliche Profil einer kooperierenden Kirche gut mit einer Theologie beschreiben, die das Handeln Gottes in der Welt vom Geist Gottes her versteht und die auf emergente Prozesse des Reiches Gottes setzt. Die traditionellen Großkirchen in Deutschland bieten für eine solche Netzwerkbildung dank ihrer guten gesellschaftlichen Vernetzung beste Voraussetzungen, die sie in einen Transformationsprozess hin zu einer kooperierenden »Kirche mit anderen« einbringen können.

Ein Beispiel: Das Konzept »Zukunftsorte« des Kirchenkreises Teltow-Zehlendorf

Der Kirchenkreis Teltow-Zehlendorf im Sprengel Berlin hat das Konzept »Zukunftsorte« entworfen, mit dem in vorbildlicher Weise versucht wird, die Kirche der Zukunft als »kooperierende Kirche« zu entwerfen.[69]

»›Zukunftsorte‹ sind partnerschaftlich genutzte und nachhaltig finanzierte Orte, an denen die beteiligten Einrichtungen gemeinsam für das evangelische Zeugnis einstehen und auf diese Weise ihrer Verantwortung für die Gesellschaft und die Kultur gerecht werden.«

Der Kirchenkreis regt die einzelnen Gemeinden an, über den eigenen Tellerrand hinauszusehen und das Gemeinwesen in den Blick zu nehmen. Jedes kirchliche

---

[69] Zum Folgenden vgl. Johannes Krug, Zukunftsorte: Was wird aus Kirchen und Gemeindehäusern?, Midi-Magazin, 11. Dezember 2025.

Gebäude wird als eine wertvolle Ressource gesehen, auch wenn es nicht mehr für die Gemeindearbeit im engeren Sinne gehalten werden kann. Denn »offene, nicht gewinnorientiert betriebene Räume [sind] über den kirchlichen Zweck hinaus für die Gesellschaft von großer Bedeutung.« Dabei wird gleichsam in konzentrischen Kreisen gedacht: »Standortentwicklung evangelisch bedeutet, im evangelischen Netzwerk nach Nutzungspartnerschaften zu suchen. Es ist sehr gut möglich, dass diakonische Einrichtungen oder evangelische Bildungsträger Raum und Fläche suchen. Wenn es in diesem Kreis tatsächlich keinen Bedarf geben sollte, könnten andere konfessionelle oder gemeinwohlorientierte Partner interessant sein.«

Parallel zur organisatorischen Planung wird eine theologische Reflexion vorangetrieben. Ein speziell für das Konzept »Zukunftsorte« formuliertes Thesenpapier des Osnabrücker Systematischen Theologen Gregor Etzelmüller dient der internen Selbstvergewisserung: »Was heißt es, evangelisch zu sein?«[70] In diesem Papier wird die Erkenntnis der Menschenliebe Gottes in Jesus Christus als Motivationskraft für kirchliches Engagement beschrieben: »Wir wollen allen Menschen, seien sie konfessionslos oder religiös, unabhängig von Herkunft und Geschlecht, in der Atmosphäre der Menschenfreundlichkeit Gottes begegnen.« Da Gott will, dass allen Menschen geholfen wird, kann die Kirche nicht sich selbst genug sein. Den Geboten Gottes folgend engagiert sich die Kirche für Freiheit, Recht und soziale Gerechtigkeit. Dies impliziert den Einsatz für den freiheitlich-demokratischen Rechts- und Sozialstaat. Schließlich wird der gesellschaftsdiakonische Auftrag klar profiliert: »Evangelische Weltgestaltung vollzieht sich nicht nur in jenen

---

[70] Das Thesenpapier ist bisher nicht veröffentlicht. Es wurde mir dankenswerterweise von Superintendent Johannes Krug zur Verfügung gestellt.

Organisationen, die unter dem Label ›evangelisch‹ operieren, sondern überall dort, wo Menschen in ihren konkreten Umgebungen, auch in ihrem Berufsleben, Glaube, Liebe und Hoffnung kommunizieren.«

In dem Konzept des Kirchenkreises Teltow-Zehlendorf leuchtet eine geistliche Weiterentwicklung der Idee einer »Kirche für andere« hin zu einer »Kirche mit anderen« auf. Bewusster als in der Zeit der institutionell starken Kirche der 1970er bis 1990er Jahre wird hier theologisch nach dem evangelischen Zeugnis gefragt. Es ist eine kooperierende »Kirche mit anderen«, die sehr genau nach dem Zeugnischarakter der Kooperationen fragt.

Priesterlich der Gesellschaft dienen

Die »Kirche mit anderen« hat neben dem diakonischen Auftrag auch die Aufgabe das *priesterliche* Amt des auferstandenen Christus wahrzunehmen. Dieses Amt nimmt sie nach innen, also innerhalb der Gemeinde wahr, indem sie Wort und Sakrament im Geiste des Auferstandenen gestaltet und seelsorgliche Begleitung anbietet. Aber auch das priesterliche Amt Christi beschränkt sich nicht auf die Bereiche kirchlichen Lebens. Der Dienst an der Gesellschaft ist Teil der priesterlichen Dimension.

In Zeiten, in denen Menschen, die sich solidarisch für Notleidende, Bedürftige, Ausgegrenzte und Bedrohte einsetzen, vielfach bedrängt werden, muss die Kirche Jesu Christi ihnen Schutz anbieten. In Zeiten, in denen viele Opfer hasserfüllter Gewalt zu beklagen sind, muss die Kirche im priesterlichen Geist Christi den Trauernden Trost anbieten, ohne Ansehen der Person.

Ein Beispiel: Hilfe für Geflüchtete

Als in den Jahren nach 2014 die Zahl der Geflüchteten in Deutschland rapide anstieg, war die Hilfsbereitschaft in der Bevölkerung sehr groß. Bald aber bekamen nicht nur die Geflüchteten den Hass der Rechtsextremen und ihrer willigen Gehilfinnen und Gehilfen zu spüren, sondern auch die Bürgerinnen und Bürger, die sich hilfsbereit für die Geflüchteten einsetzten. Hier war und ist die Kirche gerufen, sich schützend sowohl vor die Geflüchteten als auch vor die Hilfsbereiten zu stellen.

Ein Beispiel: Trauerveranstaltung nach Terrorakt

Als im Dezember 2016 der Terrorakt auf dem Berliner Breitscheidplatz Todesopfer und Verletzte forderte, war es Aufgabe der Kirche, Menschen unterschiedlicher Kultur und Religion zu einer Trauerfeier zu versammeln. Der erschütternde Anlass führte dazu, dass in Berlin erstmals gelang, was vorher nie möglich war: Innerhalb von nur 24 Stunden konnte in der Berliner Kaiser-Wilhelm-Gedächtniskirche eine Trauerfeier geplant werden, an der katholische und evangelische Christen, Juden und Muslime sich aktiv beteiligten. Es war der gemeinsame konfessions- und religionsübergreifende priesterliche Geist, der die Gemeinschaft schuf und öffentliche Trauerbegleitung ermöglichte.

Ein Beispiel: Muslimische Telefonseelsorge Berlin

In Berlin hat die Kirchliche Telefonseelsorge über Jahre hinweg engagierten Muslimen geholfen eine Muslimische Telefonseelsorge aufzubauen. Es ging dabei vor allem um fachliche Unterstützung. Aber es war in gleicher Weise notwendig, gleichsam eine schützende Hand über dieses Projekt zu halten, das nicht nur freundlich aufgenommen wurde. Ein wunderbares Zeugnis des gemeinsamen Geistes hat der Leiter der Muslimischen Telefonseelsorge in seinem Dankeswort für den Leiter der Kirchlichen Telefonseelsorge anlässlich dessen Verabschiedung in den Ruhestand im Dezember 2025 formuliert:

Die Zusammenarbeit mit ihm war und ist für uns und insbesondere für mich eine besonders schöne Erfahrung, da wir als Muslime nicht immer und überall in unserer Gesellschaft willkommen sind. Uwe Müller ist uns immer mit Respekt und auf Augenhöhe begegnet. Ich bin froh und glücklich darüber, in ihm nicht nur einen Arbeitskollegen, sondern auch einen Freund zu haben, der für mich ein Bruder im Geiste ist – im Geiste des Einsatzes für die Menschen.
Mohammad Imran Sagir[71]

Der priesterliche Dienst an der Gesellschaft gilt denen, die sich für die Ziele des Reiches Gottes einsetzen und die dafür Widerspruch und Ablehnung erfahren. Sich für sie ohne Ansehen der Person einzusetzen und sie zu schützen ist Aufgabe der Kirche Jesu Christi.

Im Netzwerk stark

Wie kann die Kirche in herausfordernder Zeit zuversichtlich bleiben? Sie kann es, wenn sie sich ihrer geistlichen Kraft neu bewusst wird. Sie tut gut daran, sich an andere Zeiten ihrer Geschichte zu erinnern, in denen die Kirche in Bedrängnissen ihre Widerstandskraft bewahrt hat. Sie wird ihre Stärke nicht dadurch finden, dass sie lediglich ihre institutionellen Kräfte bündelt, so notwendig und dringend dies auch ist. Sie muss darüber hinaus bewusst aus ihrer Mitte heraus leben, aus der »Mitte mit herausschleudernder Kraft« (Jürgen Moltmann). Diese Mitte ist der auferstandene Christus, der als König und Diakon, als Priester und Prophet in ihr durch den Heiligen Geist präsent ist und wirkt. Aber nicht nur in ihr, sondern in vielen anderen Menschen, Organisationen,

---

[71] Horst Weigand (Hg.), Seelsorge am Telefon. Festschrift für Uwe Müller, Berlin 2025, 262f.

Institutionen und Projekten, in kreativen Prozessen und zukunftsweisenden Entwicklungen. Sie wird sich öffnen, eine *kooperierende Kirche mit anderen* werden, um *mit allen Menschen guten Willens und guten Geistes* zusammenzuarbeiten. Mit ihnen wird sie ein Netzwerk der Zuversicht knüpfen.

Von besonderer Bedeutung und Hoffnungskraft ist, dass das geistliche Netzwerk weltumspannend ist. Die Kirche Jesu Christi ist eine weltweite Kirche unterschiedlicher Konfessionen, die jeweils in ihren gesellschaftlichen Kontexten für das Reich Gottes einstehen. Über den ökumenischen Austausch können die Kirchen Anteil gewinnen an Herausforderungen und Problemstellungen, die sich weltweit in den unterschiedlichsten gesellschaftlichen Kontexten zeigen – ein Seismograph zur Früherkennung globaler Problemstellungen. Die Kirchen können aber nicht nur gemeinsam Probleme erkennen, sondern auch kreative Lösungsansätze kennenlernen, die aus ihrer eigenen, begrenzen Perspektive nicht erkennbar geworden wären. So kann auch in schmerzlichen Transformationsprozessen ein ökumenischer Austausch neue Kreativität und neuen Mut schenken, kann befreiend erkennen lassen: Kirche Jesu Christi kann auch ganz anders sein! Die Ökumene ist ein Hoffnungszeichen für diese Welt, und sie ist gleichzeitig eine unverzichtbare Ermutigung für die Kirche Jesu Christi selbst.

Was ist die Zuversicht der Kirche? Sie vertraut darauf, dass Liebe stärker ist als Hass, Glaube stärker als Misstrauen, Hoffnung stärker als die destruktiven Kräfte der Verzweiflung, Wahrheit stärker als die Lüge. Sie vertraut darauf, dass die emergenten Prozesse des Reiches Gottes sich früher oder später gegen das Unkraut unter dem Weizen (Matthäus 13,24-30) durchsetzen werden. Bis es soweit ist, vertraut sie darauf, dass das geistliche Netzwerk die Lügengebäude der Verblender, den Hass der

Unbarmherzigen, die Gewalt der Kriegstreiber, die Unversöhnlichkeit der Machtmenschen möglichst weit einhegt, um so viel Schaden wie möglich zu verhindern, solange bis endlich das Destruktive zum Kippen gebracht wird und durch neue konstruktive und lebensförderliche Prozesse abgelöst wird. Die Kirche vertraut darauf, dass sie in diesem Geist der Zuversicht auch ihre eigenen notwendigen und vielfach sehr schmerzlichen und kräftezehrenden Transformationsprozesse bewältigen wird und dass sie auch in kleinerer Form ihren Auftrag kraftvoll erfüllen kann.

»Christen werden nicht gezählt, sondern gewogen«, sagen die Christinnen und Christen in der sehr kleinen evangelischen Kirche in Rumänien. Sie wollen damit zum Ausdruck bringen: Das geistliche Gewicht, nicht die Mitgliederzahl macht die Bedeutung einer Kirche aus.

III.3 DIE POLITISCHE VERANTWORTUNG DER KIRCHE

Die *Theologie der Hoffnung* fragte im Jahr 1964 »nach dem Grund der Hoffnung des christlichen Glaubens und nach der Verantwortung dieser Hoffnung im weltlichen Denken und Handeln heute« (TdH, 6). Wenn Hoffnungen rar und die Herausforderungen übergroß sind, dann besteht die Versuchung, diese Fragestellung engzuführen und nur noch nach dem Grund der Hoffnung zu suchen – für sich selbst, für die Seinen und für das Eigene – und vor der Verantwortung »im weltlichen Denken und Handeln« zu fliehen. Gerade wenn es um den Bereich des Politischen geht, erscheint es dann vielen als zu risikohaft, zu heikel, zu gefährlich, sich der Frage der Weltverantwortung zu stellen. Mit solch einer Haltung gleitet die christliche Existenz aber bewusst oder unbewusst ab in eine verängstigte Ideologie des Mauer-Bauens. Im Schutz der Mauer wird dann das geistliche Leben gesucht – jenseits der Mauer liegt »die feindliche Welt«. Wie bereits erwähnt, hatte Jürgen Moltmann schon früh, noch vor seiner *Theologie der Hoffnung*, im Jahr 1959 formuliert, dass dies ein Irrweg ist. Wer meint, die Mitte des Glaubens, die Mitte der Kirche, auf einem Weg in die Innerlichkeit zu finden, der wird diese Mitte verfehlen. Denn die »Mitte hat, wo sie wirklich begegnet, herausschleudernde Kraft in sich«.[72]

Dass die evangelische Kirche in den letzten Jahrzehnten einen Lernweg gehen konnte, hin zu einem sehr bewussten gesellschaftlichen und politischen Verantwortungsbewusstsein, daran hat die Theologie Jürgen Moltmanns einen nicht geringen Anteil. Sie wirkte stark in die ökumenische Bewegung hinein. Die Themen des sogenannten *Konziliaren Prozesses*, der auf der VI. Vollversammlung des Ökumenischen Rates der Kirchen 1983 in Vancouver (Kanada) seinen Anfang nahm, waren auch die Themen Jürgen Moltmanns: Gerechtigkeit, Frieden, Bewahrung der Schöpfung.

In der Barmer Theologischen Erklärung von 1934 gibt es (wie oben in Kapitel III.2 beschrieben) auf der einen Seite zwar in der dritten These eine Engführung: Die diakonische Dimension des Königreiches Christi wird nicht erwähnt. Der auferstandene Herr und sein Wirken werden sehr kirchenorientiert gedacht. Es geht in der dritten These lediglich um die Verteidigung eines geistlich verantworteten Kirchenverständnisses. Die gesellschaftsdiakonische Dimension der Kirche kommt nicht in den Blick. Allerdings findet sich in der Barmer Theologischen Erklärung ein anderer Ansatz, der die politische Verantwortung theologisch formuliert. Es ist die fünfte These, die das Verhältnis zwischen Kirche und Staat bestimmt. Sie tut dies im Sinne des prophetischen Amtes Jesu Christi: Die Kirche hat ein prophetisches

[72] Jürgen Moltmann, Gemeinde im Horizont, 34.

Wort an die Regierenden zu richten, aber auch an die Regierten. Sie ruft beide in die Verantwortung:

> *Sie [die Kirche] erinnert an Gottes Reich, an Gottes Gebot und Gerechtigkeit und damit an die Verantwortung der Regierenden und Regierten…*

»An Gottes Reich erinnern« – diesen Auftrag hat die Kirche zu erfüllen, wenn sie ihrem geistlichen Selbstverständnis treu bleiben will. Und dieser Auftrag bekommt heute eine ganz neue Bedeutung. Im Sinne eines geistlichen Kirchenverständnisses steht *Gottes Reich* sowohl für die Verheißungen Gottes als auch für seine Möglichkeiten, diese Verheißungen zu erfüllen. Und gleichzeitig steht der Begriff *Gottes Reich* für den Auftrag, den der auferstandene Christus seinen Jüngerinnen und Jüngern gibt: Sie sollen sein Reich der Nächstenliebe, der Barmherzigkeit, der Gerechtigkeit und des Friedens ausbreiten. Wenn die Kirche die Regierenden heute an Gottes Reich erinnert, dann hat sie einen sehr klar zu umreißenden, prophetischen Auftrag. Sie hat deutlich zu sagen, wo Herrschaft nicht dem Frieden dient, wo Recht und Gerechtigkeit missachtet werden, wo der barmherzige Umgang mit Menschen lächerlich gemacht und durch Verachtung und Hartherzigkeit unterlaufen wird. Angesichts eines sich epidemieartig ausbreitenden autoritären, nationalistischen Populismus, der Regierungsmacht anstrebt oder bereits innehat und für den offensichtlich die Werte der Gerechtigkeit, des Friedens und der Bewahrung der Schöpfung untergeordnete Faktoren sind, steht die Kirche vor einer immensen Herausforderung. Sie muss sich fragen: Sind wir bereit, unseren prophetischen Auftrag wahrzunehmen und Regierende und Regierte an Gottes Reich, Gebot und Gerechtigkeit zu erinnern? Die Kirche muss intensiv darum ringen, was eine politische Theologie der Gegenwart und der Zukunft zu leisten hat. Michael Welker hat die Herausforderung theologisch skizziert:

> *Sie [eine politische Theologie] wird auf zahlreiche negative und lebensabträgliche Prozesse der Selbststabilisierung von Unwahrhaftigkeit und Ungerechtigkeit stoßen, auf Widerstand und Gewalt. Nichts weniger als die Auseinandersetzung des Reiches Gottes und des Geistes Gottes und der von ihm ergriffenen Menschen mit der Macht der Sünde kommt durch die pneumatologische Orientierung in den Blick. Die Ohnmacht und die Grenzen moralischer und rechtlicher Macht müssen von einer politischen Theologie immer wieder wahrgenommen werden … Der Verohnmächtigung des Gesetzes durch die Kräfte, die biblisch mit der Chiffre ›Sünde‹ markiert werden, steht aber die schöpferische Macht des göttlichen Geistes entgegen. Sie setzt prophetische, diakonische, liturgische und spirituelle Kräfte frei, die nicht nur einzelne Menschen und zwischenmenschliche Beziehungen, sondern auch soziale, gesellschaftliche, kirchliche und politische Lebensformen verändern, erneuern und erheben.*[73]

An Gottes Reich erinnern

Angesichts politischer Entwicklungen, die – so die Analyse von Krastev und Holmes (vgl. oben Kapitel I.1) – innerhalb von nur einer Generation dazu geführt haben, dass ein regelbasiertes geopolitisches Zusammenleben

[73] Michael Welker, Zukunftsaufgaben politischer Theologie. Über Religion und Politik nach Habermas und Ratzinger, in: Francis Schüssler-Fiorenza/Klaus Tanner/Michael Welker (Hg.)/Johann Baptist Metz/Jürgen Moltmann/Elisabeth Schüssler-Fiorenza, Politische Theologie. Neuere Geschichte und Potenziale, Neukirchen 2011, 79-90; 89f.

der Nationen wie eine Illusion der Vergangenheit wirkt und eine menschenrechtsorientierte liberale Demokratie unter den Verdacht gestellt wird, Ausdruck eines »westlichen Imperialismus« zu sein, stellt sich sehr ernsthaft die Frage, was es bedeutet, an Gottes Reich zu erinnern.

Die in diesem Buch zitierten philosophischen und theologischen Überzeugungen sprechen eindeutig dafür, sich gegen eine Haltung zu wenden, die die Abenddämmerung einer menschenrechtsorientierten Gesellschaftsordnung als gegeben hinnimmt. Für Corine Pelluchon ist eine freiheitliche Demokratie die bestmögliche Gesellschaftsform, um ein Zusammenleben zu ermöglichen, das die Würde des einzelnen Menschen schützt. Hoffnung ist für sie nicht vorstellbar ohne eine Gesellschaftsform, die unterschiedliche Perspektiven zulässt, wertschätzenden Dialog pflegt und ein gemeinsames Zukunftsbild vor Augen hat.[74] Die in diesem Buch in Kapitel II dargestellten Theologien Jürgen Moltmanns und Michael Welkers entfalten in fundierter theologischer Reflexion ein profiliertes Verständnis des Reiches Gottes und des Geistes Gottes, der die Emergenz dieses Reiches in schöpferischen Prozessen hervorbringt. Es bedarf kaum weiterer Erläuterungen, um in der Argumentationslinie dieser theologischen Erkenntnisse die Überzeugung zu formulieren: Gerade heute ist es dringend notwendig, dass die Kirche ihren prophetischen Auftrag erfüllt! Sie muss alle diejenigen Regierenden, die in erstaunlicher Schnelligkeit bereit sind, grundlegende Werte eines gerechten, friedlichen, menschenwürdigen Zusammenlebens und einer Bewahrung der natürlichen Lebensgrundlagen über Bord zu werfen, klar, deutlich und vernehmbar an die lebensbewahrenden Werte des Reiches Gottes erinnern. Wer für die Zukunft dieser Welt Hoffnung bewahren will und Wege suchen will, die Zuversicht vermitteln, der kann auf die Orientierung an

[74] Corine Pelluchon, Durchquerung, 87.

den großen Verheißungen nicht verzichten. Auf der einen Seite muss die Kirche also den Defätismus abwehren, auf der anderen Seite aber muss sie diejenigen Verantwortungsträgerinnen und Verantwortungsträger, die weiter nach Wegen suchen, wie eine gerechtere, friedlichere und umweltsensiblere Welt entwickelt werden kann, mit ihrem Wort, ihrem Zeugnis und ihrem weltlichen Handeln stärken.

Das Reich Gottes ist ein Reich des Friedens und der Gerechtigkeit. Die Kirche wird deshalb in ihrem Dienst für dieses Reich primär an die biblischen Friedens- und Gerechtigkeitsverheißungen und an das Friedenszeugnis Jesu erinnern. Sie wird aber auch an diejenigen philosophischen Konzepte erinnern, die in der geistesgeschichtlichen Entwicklung zu den säkularen Friedenskonzepten geführt haben, die sich seit dem Ende des Zweiten Weltkrieges in internationalen Institutionen und Rechtsordnungen niedergeschlagen haben. Diese im Gedächtnis zu behalten, als ein Kulturerbe der Menschheit, ist heute Aufgabe einer Kirche, die an das Reich Gottes erinnert.

Ein besonders herausragendes Kulturerbe der Menschheit ist Immanuel Kants Schrift »Zum ewigen Frieden«.[75] Sie prägt nun schon über 230 Jahre das Nachdenken über eine internationale Friedensordnung. Nach der humanitären Katastrophe des Zweiten Weltkriegs hat sich dieses Denken in vielen internationalen Institutionen, vielfach unter dem Dach der UNO, materialisiert. Eine überzeugende Alternative, die tatsächlich den Weg zu einem Frieden weisen würde, der auf Gerechtigkeit, Menschenwürde und Wahrhaftigkeit basiert, ist nicht in Sicht. Die Friedensvision Kants ist keineswegs nur das Manifest eines westlichen Werte-Imperialismus. Nur un-

---

[75] Ich halte mich im Folgenden an die Darstellung der Kernpunkte dieser Schrift bei Welker, Bild Gottes, 98-101. (Seitenzahlen in Klammern beziehen sich im Folgenden auf dieses Buch.)

verantwortlich-kurzschlüssiges Denken könnte sich damit abfinden, wenn dieses Kulturgut der Menschheit nun innerhalb von nur einer Generation von einer populistisch-nationalistischen Epidemie zerstört werden sollte.

Immanuel Kants Schrift »Zum ewigen Frieden« wurde 1795 veröffentlicht und erlebte bereits zu Lebzeiten des großen Philosophen der Aufklärung innerhalb von neun Jahren elf Auflagen. Bis heute ist sie grundlegend für das Nachdenken über mögliche globale Friedensordnungen. Die Grundlinie dieser Schrift ist geprägt von der Erkenntnis, dass nicht die Rüstung für den Krieg, sondern die Sorge für Gerechtigkeit den Weg zum Frieden bereitet. Dies bedeutet nicht, dass Kant den Schutz nationaler Grenzen und im Notfall militärische Verteidigung Angegriffener als illegitim betrachten würde. Wesentlich für die Ermöglichung von Frieden aber ist, dass die gesamte Menschheit bereit und willens ist, unter der Herrschaft eines ethisch-moralisch geprägten Rechts zu leben. An die Regierenden appelliert Kant, von der Grundidee Abstand zu nehmen, dass es für Staaten legitim und klug sei, das eigene Territorium und die eigene Macht durch Expansion zu sichern. Er appelliert an die »Würde der Regenten« und die »wahre Ehre des Staats« (99), sich von diesem Denken zu lösen. Eine Entmilitarisierung, eine Auflösung »stehender Heere« (100) war für ihn bereits im Blick, auch wenn er sich dessen bewusst war, dass es ein langer Weg dorthin sein würde. Um das Ziel der Entmilitarisierung zu erreichen, sei es notwendig, verfassungsrechtlich die Freiheit und Gleichheit aller Bürgerinnen und Bürger verlässlich zu garantieren, einen föderalen Staatenbund zu gründen und ein verbindliches Völkerrecht zu etablieren (100). Respekt vor der Wahrheit, verbunden mit einer transparenten internationalen Kommunikation, gehörten für ihn zu den Voraussetzungen des friedlichen Zusammenlebens der Völker (101).

Die Grundideen Kants haben nach dem Ersten Weltkrieg die Einrichtung des Völkerbundes und nach dem Zweiten Weltkrieg das Entstehen der UNO mit der Charta der Vereinten Nationen inspiriert und motiviert. Schon dadurch, dass die USA sich nach dem Attentat auf die Twin Towers am 11. September 2001 das Recht nahmen, sich über das Gewaltverbot der UN-Charta hinwegzusetzen und einen militärischen Erstschlag als legitim zu betrachteten, wurden die Grundideen einer internationalen Friedensordnung empfindlich beschädigt. Dabei gab dieser »hegemoniale Unilateralismus« noch vor, die Werte der liberalen Demokratien und der Menschenrechte zu verteidigen.[76] Heute orientieren sich die autoritären Großmächte erkennbar überhaupt nicht mehr an den Ideen einer wertebasierten globalen Rechtsordnung.

Die Kirche, die verpflichtet ist, die Regierenden und die Regierten an Gottes Reich zu erinnern, wird sowohl die biblischen Friedensverheißungen als auch die Friedensvisionen der Aufklärung sehr bewusst zur Geltung bringen. Auch dann, wenn zeitweilig nicht erkennbar ist, dass und wie diese religiösen Friedensverheißungen und diese politischen Friedenskonzepte Realität werden können, gilt es an ihren Zielvorstellungen festzuhalten. Die biblische Geschichte lehrt, dass Verheißungen noch nie dadurch nichtig geworden sind, dass sie zeitweilig nicht verwirklicht wurden. Sie als illusionär zu bezeichnen, nur weil die Weltgeschichte zur Zeit »ins Stottern gerät«,[77] wie Corine Pelluchon schreibt, verkennt das Wesen einer Verheißung. Eine Verheißung ist nicht die Hochrechnung faktenbasierter Zukunftsvorstellungen. Verheißungen haben eine eigene, spezifische Wirklichkeitsform. Sie sind auch dann real, wenn sie gegenwärtig nur im Modus der

---

[76] Vgl. Jürgen Habermas, Hat die Konstitutionalisierung des Völkerrechts noch eine Chance?, in: Der gespaltene Westen, Frankfurt am Main 2004, 113-193.

[77] Corine Pelluchon, Durchquerung, 79.

Möglichkeit vorhanden sind. Letztlich sind nicht die Friedensideale illusionär. Illusionär ist vielmehr die Vorstellung, es wäre möglich, eine friedliche und damit lebenswerte Welt zu erhalten ohne Recht und Gesetz, Gleichheit und Freiheit, Wahrhaftigkeit und Barmherzigkeit.

Mit der Zuversicht, dass ein gerechter, wertebasierter Frieden und die Erhaltung der Lebensmöglichkeiten unseres Planeten zumindest möglich bleiben, wird die Kirche gerade in einer Zeit, in der die Gefahr besteht, dass internationale Vereinbarungen und Institutionen in umstürzlerischer Weise zerstört werden, alles und alle unterstützen, die sich bemühen, friedliche Vereinbarungen zu erhalten oder neu zu schaffen.

Schließlich wird die Kirche Regierende und Regierte dadurch an Gottes Reich erinnern, dass sie eine sehr bewusste Erinnerungskultur pflegt: Sie wird an die humanitären Katastrophen erinnern, die ihre Ursache in der Missachtung der grundlegenden Werte der Humanität hatten. Sie wird an die Lernwege erinnern, die die Menschheit nach solchen Katastrophen gegangen ist. Und sie wird heute schon bedenken, dass eines Tages – in einer zukünftigen Gedenkkultur – im Rückblick gefragt werden wird, ob die Kirche in der aktuellen kritischen Phase der Geschichte eine glaubwürdige Botschaft vertreten und die Hoffnung bewahrt hat.

Exkurs: Aus welcher Hoffnung lebt die Evangelische Friedensethik?

Evangelische Friedensethik muss sich an den biblischen Friedensvisionen und der Botschaft Jesu, aber auch an den friedensethischen Kulturgütern der Menschheit orientieren. Die Friedensdenkschrift der EKD des Jahres 2007 ist mit dem Begriff des »Gerechten Friedens« deutlich erkennbar an der Kant'schen Grundidee orientiert, der zufolge die Sorge um Gerechtigkeit den Weg zum Frieden ebnet. Ihr Titel lautet: »Aus Gottes Frieden leben – für gerechten Frieden sorgen.«[78] Sie benennt vier Dimensionen, die im Blick bleiben müssen, um einen gerechten Frieden zu entwickeln: (a) der innerstaatliche und internationale *Schutz vor Gewalt*, (b) die Förderung der individuellen *Freiheit* durch Rechtstaatlichkeit und Achtung der Menschenrechte, (c) der *Abbau von Not*, der die Bewahrung der natürlichen Ressourcen und die gerechte Verteilung der Güter erfordert und (d) die *Anerkennung kultureller Verschiedenheit* (EKD, Aus Gottes Frieden, 53-56). Frieden wird dabei als ein *Prozess* verstanden, in dem die Gewalt zunehmend eingeschränkt wird und der auf die Verwirklichung des gerechten Friedens zielt:

> *Die biblische Sicht stützt ein prozessuales Konzept des Friedens. Friede ist kein Zustand ..., sondern ein gesellschaftlicher Prozess abnehmender Gewalt und zunehmender Gerechtigkeit ... Friede erschöpft sich nicht in der Abwesenheit von Gewalt, sondern hat ein Zusammenleben in Gerechtigkeit zum Ziel. In diesem Sinn bezeichnet ein gerechter Friede die Zielperspektive politischer Ethik.* (EKD, Aus Gottes Frieden, 54)

Es wird deutlich betont, dass die christliche Friedensethik auf die Verwirklichung internationaler Rechtsordnungen drängen muss. Das Leitbild des gerechten Friedens muss in Rechtsordnungen konkret werden:

> *Das ethische Leitbild des gerechten Friedens ist zu seiner Verwirklichung auf das Recht angewiesen. Es ist*

---

[78] Evangelische Kirche in Deutschland (Hg.), Aus Gottes Frieden leben – für gerechten Frieden sorgen. Eine Denkschrift des Rates der Evangelischen Kirche in Deutschland, Gütersloh 2007. (Im Folgenden zitiert: EKD, Aus Gottes Frieden.)

deshalb zu konkretisieren in Institutionen, Regeln und Verfahren eines international vereinbarten Rechtszustands, der friedensethischen Anforderungen genügt. (57)

Die im Jahr 2025 erschienene neue Friedensdenkschrift der EKD *Welt in Unordnung – Gerechter Friede im Blick. Evangelische Friedensethik angesichts neuer Herausforderungen*[79] nimmt die Zielvorstellung des gerechten Friedens auf und versucht die Intention dieses Konzeptes in der aktuellen Zeit neu zu formulieren – das heißt in einer Zeit, in der in erschreckender Weise die »Wucht des Tötens« (EKD, Welt in Unordnung, 69) neu offenbar geworden ist: brutale Gewaltanwendung im russischen Angriffskrieg gegen die Ukraine; das menschenverachtende Attentat der Hamas vom 7. Oktober 2023; die darauf folgende militärische Eskalation durch das Handeln der israelischen Armee in Gaza – all dies ohne Rücksicht auf Recht und Gerechtigkeit, auf Menschenrechte und Schutz der Zivilbevölkerung und im Angesicht der Hilflosigkeit internationaler Organisationen.

Rückblickend auf die Denkschrift des Jahres 2007 wird analysiert, dass dort die Frage noch nicht geklärt worden sei, ob und wie sich die vier Dimensionen des gerechten Friedens gegenseitig bedingen (49). Diese Verhältnisbestimmung wird nun so bestimmt, dass angesichts der brutalen Gewaltanwendungen der Gegenwart heute die Dimension des *Schutzes vor Gewalt* als »grundlegendes Gut« (19) und damit als Voraussetzung zur Verwirklichung der anderen drei Dimensionen zu betrachten ist:

---

[79] Evangelische Kirche in Deutschland (Hg.), Welt in Unordnung – Gerechter Friede im Blick. Evangelische Friedensethik angesichts neuer Herausforderungen. Eine Denkschrift des Rates der Evangelischen Kirche in Deutschland, Leipzig 2025, 4. Auflage 2026. (Im Folgenden zitiert: EKD, Welt in Unordnung.)

Die Erfahrungen der letzten knapp zwei Jahrzehnte führen zu der grundlegenden These, dass der Schutz vor Gewalt unabdingbare Voraussetzung für umfassende Friedensprozesse ist – und damit für Freiheitsförderung und Abbau von Ungleichheiten sowie den friedensfördernden Umgang mit Pluralität. (49)

Die Denkschrift fordert Realismus ein: Angesichts der offenbaren Brutalität können Methoden gewaltfreien Widerstandes den Staaten, die angegriffen werden, und ihren Bürgerinnen und Bürgern keinen Schutz vor Gewalt bieten. Es wird nüchtern festgestellt, dass eine universale politische Ethik nicht nach den Regeln des kategorischen Gewaltverzichtes formuliert werden kann (34). »Aus friedensethischer Perspektive ist es darum legitim, Maßnahmen zu ergreifen, die auf die Abwehr solcher Aggressionen zielen …« (38). In Kontinuität zur Denkschrift 2007 wird betont, dass solche Maßnahmen »rechtserhaltender Gewalt« nur als *ultima ratio* (als letzte Konsequenz, wenn alle anderen Mittel versagt haben) eingesetzt werden dürfen, dass sie an strenge ethische Kriterien gebunden sind und nur innerhalb eines umfassenden »Prozess[es] der Errichtung einer Friedensordnung« zu legitimieren sind (47).[80] Längerfristig müssen alle Dimensionen des gerechten Friedens bedacht werden, um dauerhaften Frieden zu schaffen (53).

Dass der Schutz vor Gewalt auch mit Mitteln militärischer Gewalt im Sinne »rechtserhaltender Gewalt« notwendig und ethisch legitim sein kann, wenn auch nur unter Achtung sehr strenger Kriterien, das hatte bereits die Denkschrift des Jahres 2007 formuliert.[81] Und beide Denkschriften betonen, dass der Einsatz »rechtserhalten-

---

[80] Vgl. EKD, Aus Gottes Frieden, Kapitel 3.2, 65-70.
[81] Ebd.

der Gewalt« als *ultima ratio* streng an ein System kollektiver Sicherheit gebunden ist.[82]

Ob es angemessen ist, den *Schutz vor Gewalt* angesichts der aktuellen Situation nun *grundsätzlich* den anderen Dimensionen des gerechten Friedens als »grundlegendes Gut« vorzuordnen, wird in der Rezeption der Denkschrift von 2025 durchaus kontrovers diskutiert. Denn es gibt auch Situationen, in denen Not – wie etwa Hungersnot – oder Ungleichheit zu struktureller Gewalt und massenhaftem Sterben führen.[83] In einem solchen Fall wäre das »grundlegende Gut« der *Abbau von Not*, der erst die Voraussetzung dafür schaffen würde, dass die anderen Dimensionen des gerechten Friedens in den Blick genommen werden könnten. Die Frage ist, ob nicht die Denkschrift des Jahres 2007 mit ihrer Gleichordnung der vier Dimensionen und der Beschreibung einer gegenseitigen Bedingtheit dieser Dimensionen weitsichtiger formuliert worden ist.

Eine andere Frage ist, wie es um die Hoffnung bestellt ist. Die Denkschrift 2026 bekennt sich zwar an verschiedenen Stellen sehr deutlich zur christlichen Hoffnung.[84] Die konkrete Frage aber, welche realistische Hoffnung als Zielvorstellung vor Augen stehen kann, wird kaum thematisiert. Wie steht es um die Hoffnung, dass der Prozess des Friedens tatsächlich Fortschritte machen kann? Dass sich nationale, regionale und internationale Systeme kollektiver Sicherheit zuverlässig weiterentwi-

---

[82] Vgl. EKD, Aus Gottes Frieden, Kapitel 3.1. Anforderungen an eine globale Friedensordnung als Rechtsordnung, 57-65. – Vgl. EKD, Welt in Unordnung, Kapitel 1.3. Ethik rechtserhaltender Gewalt: Ein unverzichtbarer Bestandteil des Gerechten Friedens, 44-49.

[83] Vgl. den Artikel von Ines-Jacqueline Werkner, Eine Chance vertan. Warum die neue Friedensdenkschrift der EKD enttäuscht, zeitzeichen, 27. Jahrgang, Januar 2026, 8-11, besonders 9f.

[84] Vgl. z. B. EKD, Welt in Unordnung, 17, 25, 44 oder den letzten Abschnitt, in dem der Friede Gottes als Motivationskraft beschrieben wird: 141-146.

ckeln lassen, so dass zukünftig die »Wucht des Tötens« wirksamer verhindert werden kann? Was ist mit der Zielvorstellung, dass das Leitbild des gerechten Friedens sich tatsächlich »in Institutionen, Regeln und Verfahren eines international vereinbarten Rechtszustands, der friedensethischen Anforderungen genügt« (EKD, Aus Gottes Frieden, 57), konkretisiert, wie es die Denkschrift des Jahres 2007 beschrieben hat? Sie hatte sehr konkret die politischen Friedensaufgaben formuliert und die Verantwortung der Kirche benannt, »entsprechende Prozesse zu unterstützen und zu fördern« (ebd., 80).

Die Denkschrift 2025 formuliert wesentlich zurückhaltender als ihre Vorgängerin, wenn es um die Funktion des Leitbildes des gerechten Friedens geht:

> *Mit dem Leitbild des ›Gerechten Friedens‹ verbindet evangelische Friedensethik die Hoffnung auf einen ewigen Frieden mit der Bejahung einer weltlichen Ordnung, die Gewalt notfalls durch Zwangsmaßnahmen einhegt. Das Leitbild wird* nicht als erreichbares Ziel *verstanden [Hervorhebung M.D.], sondern es dient der Orientierung in dem Spannungsfeld zwischen Glaubenshoffnung und weltlicher Bedrohung.* (EKD, Aus Gottes Frieden, 20)

Während die Denkschrift von 2007 also den gerechten Frieden als Leitbild für konkrete Rechtsordnungen versteht, die es zu verwirklichen gilt, versteht die Denkschrift 2025 das Leitbild des gerechten Friedens nun offensichtlich nicht mehr »als erreichbares Ziel«, sondern nur noch als einen Orientierungspunkt, der helfen soll, die »Spannung zwischen Glaubenshoffnung und weltlicher Bedrohung« auszuhalten.

Zwar geht biblischer Realismus davon aus, dass es nach menschlichem Ermessen in der Welt, die von Sünde gekennzeichnet ist, niemals zu einer umfassend wirksamen Friedensordnung kommen wird, die alle Gewaltanwendung verhindert. Aber biblischer Realismus schließt keineswegs aus, dass es einen Friedens-Prozess geben kann, der zu einer Eindämmung der Gewalt führt. Denn biblischer Realismus kennt auch die Kraft der Verheißungen und die Realität des Geistes Gottes und vertraut deshalb auf die Möglichkeit, dass ein Prozess zunehmender Gerechtigkeit zu abnehmender Gewalt führen kann. Evangelische Friedensethik braucht deshalb Leitbilder, von deren Realisierungsmöglichkeit sie überzeugt ist. Und dies besonders in Zeiten brutaler Gewalt. Bei Kant ist der »ewige Friede« ein klares Leitbild für irdische Rechtsgestaltung. Dahinter sollte evangelische Friedensethik nicht zurückfallen.

Auch wenn es angemessen ist, dass evangelische Ethik in der aktuell höchst brutalen Welt den notwendigen Schutz vor Gewalt in den Fokus nimmt und ethische Orientierung gerade für diejenigen bietet, die unter Einsatz ihres Lebens militärischen Dienst leisten, um andere zu schützen, sollte sie keinesfalls eine Haltung bestärken, die davon ausgeht, dass die Welt so gewaltsam bleiben muss, wie sie ist. Sie muss die Hoffnung stark machen, dass es einen Prozess zunehmenden Friedens und abnehmender Gewalt geben kann und geben soll. Theologisch ausgedrückt ist dies die Hoffnung, dass Gott in Unheilsgeschichten eingreifen und neue Entwicklungen anstoßen kann. Gott kann die Gewalt machtbesessener Autokraten brechen. Wenn die Christenheit auf die Kraft des Geistes Gottes vertraut, braucht sie die Hoffnung nicht aufzugeben, dass die Friedensverheißungen weiterhin ihre Wirkung zeigen werden.

Es wäre ein glaubwürdiges Zeichen dafür, dass die evangelische Kirche die Hoffnungen auf globalen Frieden nicht aufgibt, wenn sie nicht nur die aktuelle, traurige Notwendigkeit beschreiben würde, brutale Gewalt mit rechtserhaltender Gegengewalt zu begegnen, sondern sich heute schon an weiterführenden Diskussionen beteiligen würde. Welche Reformen brauchen die internationalen Institutionen, um wirksamer als bisher dem Ziel des gerechten Friedens dienen zu können? Welche neuen Formen regelbasierter internationaler Ordnungen müssen entwickelt werden, damit die Brutalität von heute in Zukunft möglichst vermieden werden kann? In diese Themenbereiche stößt der Text der Friedensdenkschrift 2025 leider nicht vor.

An Gottes Gebot und Gerechtigkeit erinnern

Ein eindrucksvolles Beispiel dafür, wie die Kirche Jesu Christi ihren prophetischen Auftrag erfüllt, an Gottes Gebot und Gerechtigkeit zu erinnern, hat die Weltöffentlichkeit am 21. Januar 2025 erlebt. Die Bischöfin der Episkopalen Kirche Amerikas, seit zehn Jahren in Washington D. C. im Bischofsamt, Mariann Edgar Budde, hat, wie bereits erwähnt, in einem Gottesdienst anlässlich der Inauguration des aktuellen amerikanischen Präsidenten eine eindrucksvolle Predigt gehalten. Ihr Thema war die Einheit der Nation. Sie hat erläutert, welche Voraussetzungen gegeben sein müssen, um diese Einheit zu erhalten. Sie hat an die Feindesliebe erinnert, die Jesus in der Bergpredigt gefordert hat, und an das Gebot der Barmherzigkeit. Sie hat eine Kultur der Verachtung angeprangert, die zerstörerische Kraft hat, und mit der es nicht möglich ist, ein Land gut zu regieren. Sie hat an die Ideale der Vereinigten Staaten von Amerika erinnert: gleiche Würde und Rechte für alle Bürgerinnen und Bürger. Pointiert hat sie schließlich drei notwendige Grundlagen für die Einheit der Nation formuliert: Achtung der Menschenwürde, Ehrlichkeit und demütige Anerkennung der Fehlbarkeit des Menschen. Beendet hat sie ihre Predigt mit einem direkt an den Präsidenten gerichteten Appell:

Im Namen unseres Gottes bitte ich Sie um Erbarmen für die Menschen in unserem Land, die jetzt in Furcht leben. Es leben schwule, lesbische und transgeschlechtliche Kinder in republikanischen, demokratischen und unabhängigen Familien, und manche von ihnen fürchten um ihr Leben. …

Haben Sie Erbarmen, Herr Präsident, mit den Menschen in unseren Städten, deren Kinder fürchten, dass ihnen die Eltern genommen werden. Helfen Sie denen, die aus Kriegsgebieten und vor Verfolgung in ihren Heimatländern fliehen, um hier Mitgefühl und Aufnahme zu finden. Unser Gott lehrt uns, dass wir den Fremden Barmherzigkeit erweisen sollen, denn einst waren wir alle Fremde in diesem Land.

Möge Gott uns die Kraft und den Mut geben, die Würde jedes Menschen zu respektieren, in Liebe die Wahrheit zu sprechen und in Demut zu leben, miteinander und mit unserem Gott, zum Wohl aller Menschen in diesem Land und in aller Welt.[85]

Bereits knapp sieben Jahre vorher, am 17. Mai 2018, wurde in den Vereinigten Staaten von Amerika eine christliche Stellungnahme veröffentlicht, die von 23 leitenden Geistlichen unterschiedlicher Konfessionen unterschrieben wurde. Sie trägt den Titel *Reclaiming Jesus* – sinngemäß übersetzt: Jesus zurückfordern, Jesus wiedergewinnen. Oder: Nicht unser Jesus![86] In der Einleitung der Erklärung heißt es:

Wenn … Politik unsere Theologie untergräbt, dann müssen wir die Politik einer Prüfung unterziehen. Die Rolle der Kirche ist es, die Welt durch das Leben und die Liebe Jesu Christi zu verändern. Die Aufgabe der

---

85 Mariann Edgar Budde, Mutig sein, Frankfurt am Main 2025, 23f.
86 https://www.reformiert-info.de/daten/Reclaiming%20Jesus%20deutsch(1).pdf (abgerufen am 4.2.2026).

Regierung ist es, dem Gemeinwohl zu dienen, indem sie Gerechtigkeit und Frieden schützt, gutes Verhalten belohnt und böses Verhalten in die Schranken weist. Wenn diese Rolle vonseiten der politischen Führung untergraben wird, dann müssen führende Frauen und Männer des Glaubens aufstehen und das Wort ergreifen. Dr. Martin Luther King Jr. mahnte: »Die Kirche muss sich immer wieder erinnern lassen, dass sie weder Herr noch Knecht des Staates ist, sondern sein Gewissen.«

Die Erklärung selbst formuliert im Stil der Barmer Theologischen Erklärung sechs Bekenntnisthesen und dazu sechs klare Abgrenzungen: Ausgehend von der Gottebenbildlichkeit des Menschen wird Rassismus verworfen. Der Glaube an die geistliche Einheit des Leibes Christi führt zu dem Auftrag, sich für Versöhnung einzusetzen. Jesu Einsatz für die Armen verpflichtet, dem Recht des Stärkeren zu widerstehen. Das biblische Verbot, falsch Zeugnis zu reden, führt zur Kritik am »System der Lüge«, das in politische Systeme eindringt. Der Dienstcharakter des Lebens Jesu führt zur Ablehnung jeder autoritären Politik. Und die Universalität des Missionsauftrages muss zum Widerstand gegen jede Form von Nationalismus führen.

Die Evangelische Kirche Berlin-Brandenburg-schlesische Oberlausitz hat den Impuls der Erklärung »Reclaiming Jesus«, die sie durch ihre Partnerschaft mit der amerikanischen United Church of Christ kennengelernt hatte, aufgegriffen und eine im Stil völlig andere aber in der Substanz vergleichbare Erklärung im November 2019 verabschiedet. Sie ist als Dialoganregung formuliert und trägt den Titel »Haltung zeigen«.[87] In der Erklärung wird

[87] https://vbbkg.de/wp-content/uploads/2025/12/5-Q6-190406-Haltung_zeigen_Beschluss_Landessynode.pdf (bgerufen am 4.2.2026).

soziale Gerechtigkeit gegen das Recht des Stärkeren gestellt, ein Miteinander in Vielfalt gegen die Missachtung von Menschenwürde und Menschenrechten, das Ringen um Wahrheit gegen die Praxis der Lüge, die in das öffentliche Leben eindringt. Und es wird die Bewahrung der Schöpfung angemahnt gegen die mutwillige Zerstörung der Umwelt.[88]

Eine knappe und pointierte Erklärung, die sich sehr deutlich gegen einen völkischen Nationalismus abgrenzt, hat die römisch-katholische Deutsche Bischofskonferenz am 22. Februar 2024 unter dem Titel *Völkischer Nationalismus und Christentum sind unvereinbar* veröffentlicht.

> *Für die Kirche … ist klar: Jeder Mensch besitzt eine unantastbare und unverfügbare Würde. Sie gründet in der Gottebenbildlichkeit aller Menschen und ist die Basis der Menschenrechte. … Dieses Denken hat auch in unserer Verfassung seinen Niederschlag gefunden. In scharfer Abgrenzung zum Nationalsozialismus und zur Neuen Rechten bekennt sich das Grundgesetz ausdrücklich zur fundamentalen … Bedeutung der Menschenwürde. …*
>
> *Wir sagen mit aller Klarheit: Völkischer Nationalismus ist mit dem christlichen Gottes- und Menschenbild unvereinbar. Rechtsextreme Parteien und solche, die am Rande dieser Ideologie wuchern, können für Christinnen und Christen daher kein Ort ihrer politischen Betätigung sein und sind auch nicht wählbar.*

---

[88] https://www.dbk.de/fileadmin/redaktion/diverse_downloads/presse_alt/presse_2024/224-023a-Anlage1-Pressebericht-Erklaerung-der-deutschen-Bischoefe.pdf (bgerufen am 4.2.2026).

Besonders wirkungsvoll sind prophetische Worte der Kirche, wenn es der Kirche gelingt, begleitende Zeichen der Hoffnung zu setzen.

Die Mahnung zur Wahrhaftigkeit, ohne die kein friedliches und respektvolles Zusammenleben möglich ist, sollte begleitet werden von dem Bemühen, selbst Räume anzubieten, in denen ein wertschätzender, wahrheitssuchender Dialog und sachorientierte Diskurse möglich sind. Bereits mit ihrem presbyterial-synodalen Leitungsprinzip kann die evangelische Kirche deutlich machen, wie sie selbst mit ihren Herausforderungen, ihren Konflikten, ihrer Suche nach Lösungsmöglichkeiten umgeht. Es gehört zu ihrem Selbstverständnis, Leitungsentscheidungen in einem offenen und fairen Diskurs vorzubereiten und möglichst einvernehmlich zu treffen. Für die Wahrheitsfindung müssen unterschiedliche Perspektiven zu Wort kommen. Es ist eine anschauliche Erfahrung des Geistwirkens, wenn sich in einem synodalen Prozess konträre, oft auch verhärtete oder gar unversöhnliche Positionen durch offene Aussprache und faires, argumentatives Ringen schließlich zu einer neuen, gemeinsamen Sicht verbinden können.

Die Kirche wird aber nicht nur Zeichen für ihr eigenes Selbstverständnis setzen dürfen. Sie wird sich im Sinne einer kooperativen Kirche auch mit all jenen vernetzen, die sich für die Kultur eines fairen, wahrhaftigen Dialoges einsetzen. In der Auseinandersetzung mit menschenfeindlichen, autoritären Ideologien, die versuchen, Diskursräume zu erobern, zeigt sich aktuell sehr deutlich, wie wichtig es ist, Demokratie »erlebbar« zu machen. Es ist dringend notwendig, lokale und digitale Räume zu erhalten, zu verteidigen und vor allem auch neu zu entwickeln, in denen Menschen erleben können, wie konstruktiv, befreiend und zukunftsweisend es ist, wenn sich in wertschätzendem Austausch neue Perspektiven auftun. Hartmut Rosa hat mit seinem Vortrag *Demokratie braucht Religion*[89] darauf hingewiesen, welch reichen Erfahrungsschatz die Kirchen bei der Gestaltung von Räumen mitbringen und dass sie deshalb enorme Potentiale für die Zukunft der Demokratie einbringen können.

> *Demokratie ist das zentrale Glaubensbekenntnis unserer Gesellschaft, aber sie erfordert … Stimmen, Ohren und hörende Herzen.* (54)
> *… es [sind] insbesondere die Kirchen …, die über Narrationen, über ein kognitives Reservoir verfügen, über Riten und Praktiken, über Räume, in denen ein hörendes Herz eingeübt und vielleicht auch erfahren werden kann.* (55f)

Dass die Problematik fehlender Räume inzwischen in der Zivilgesellschaft breit erkannt worden ist, zeigt etwa die Arbeit der zivilgesellschaftlichen *Stiftung Zukunft Berlin*. In einem Berlin-Forum im April 2025 wurde deutlich, dass es für den Zusammenhalt der Gesellschaft dringend notwendig ist, die Raumproblematik anzugehen:

> *Das seit langem bekannte Thema fehlender Räume für kulturelle, soziale und zivilgesellschaftliche Initiativen/Projekte/Gruppen ist inzwischen so drängend geworden, dass das bürgerschaftliche Engagement für das Zusammenleben empfindlich beeinträchtigt wird.*[90]

---

[89] Hartmut Rosa, Demokratie braucht Religion. Über ein eigentümliches Resonanzverhältnis. Basierend auf einem Vortrag beim Würzburger Diözesanempfang 2022. Mit einem Vorwort von Gregor Gysi, München 2022, 11. Auflage 2024. (Seitenzahlen in Klammern verweisen im Folgenden auf diesen Vortrag.)

[90] Vgl. Ergebnispapier des Berlin-Forums der Stiftung Zukunft Berlin vom 8. April 2025: https://berlinforum.berlin/wp-content/uploads/2025/04/Ergebnispapier-Berlin-Forum-Zusammenleben-in-Berlin.pdf (abgerufen am 5.2.2026).

Es wäre ein starkes prophetisches Zeichen, wenn die Kirchen ihre vielfach vorhandenen Räume in Zukunft verstärkt für gemeinwesenorientierte Arbeit öffnen würden.

Zeichenhaft handeln kann die Kirche auch, wenn es um das Thema Einheit der Gesellschaft geht, also das Thema, das Bischöfin Budde im US-amerikanischen Inaugurationsgottesdienst stark gemacht hat. Die Kirche Jesu Christi kann in sehr konkreten Transformationsprozessen vorleben, wie es möglich ist, notwendige Veränderungen so zu gestalten, dass den verschiedenen Interessen und Bedarfen, aber auch den Ängsten und Befürchtungen Rechnung getragen wird. So notwendig die Kritik an der Art, wie kirchliche Veränderungsprozesse organisiert werden, im Einzelnen sein mag, so wenig braucht die Kirche ihr Licht unter den Scheffel zu stellen, wenn es um Begleitung von Transformationsprozessen geht. Wolfgang Huber hatte 1998 zu Recht von einer »Vereinigungskrise« gesprochen und darauf hingewiesen, wie stark die Kirche nach 1989 durch den Ost-West-Vereinigungsprozess beansprucht war, um ihre eigenen Umstellungsprozesse zu bewältigen.[91] Inzwischen kann aber durchaus gesagt werden, dass hierbei Immenses geleistet wurde. So konnte etwa die Evangelische Kirche Berlin-Brandenburg-schlesische Oberlausitz bereits kurz nach dem Mauerfall die Gemeinden aus Westberlin, aus Ostberlin und aus Brandenburg in einer Landeskirche vereinen. Von da an konnten die notwendigen Transformationsprozesse gemeinsam synodal gesteuert werden. – Ein weiteres Beispiel ist die Evangelisch-Lutherische Kirche in Norddeutschland. In ihr wurden zu Pfingsten 2012 die Nordelbische Kirche in Hamburg und

---

[91] Vgl. Ergebnispapier des Berlin-Forums der Stiftung Zukunft Berlin vom 8. April 2025: https://berlinforum.berlin/wp-content/uploads/2025/04/Ergebnispapier-Berlin-Forum-Zusammenleben-in-Berlin.pdf (abgerufen am 5.2.2026).

Schleswig-Holstein mit der Landeskirche Mecklenburgs und der Pommerschen Kirche verbunden. – Ein gutes Beispiel dafür, wie die Kirche gesellschaftliche Transformationsprozesse hilfreich begleiten kann, ist das Cottbuser *Zentrum für Dialog und Wandel*.[92] Gründungsimpuls im Jahr 2018 war die regionale Herausforderung durch den Braunkohleausstieg in der Lausitz. Inzwischen hat das Zentrum eine weitergehende Aufgabenstellung. Es nimmt die Fragen von Kirche und Gesellschaft in den beiden ländlich geprägten Sprengeln Potsdam und Görlitz in einem multiprofessionellen Team in den Blick, im Bewusstsein, dass Transformation viele Perspektiven beachten muss und zivilgesellschaftliche Beteiligung braucht.

Das Engagement der Kirchen für geflüchtete Menschen ist ein diakonischer Dienst mit prophetischem Zeichencharakter. Es geht darum, sich klar zur Gottebenbildlichkeit aller Menschen zu bekennen, ohne Ansehen der Person, der Herkunft, der Kultur oder Religion. Dass Menschen wegen politischer Verfolgung, wirtschaftlicher Not, Bedrohung durch Terror oder kriegerische Gewalt ihre Heimat verlassen und in Europa eine neue Heimat suchen, stellt eine besondere Herausforderung an die Nächstenliebe dar. Hier wird sich zeigen, ob sich das christlich geprägte Europa dem biblischen Geist der Nächstenliebe verpflichtet fühlt oder ob es einem abendländischen Geistverständnis folgt, das in der imperialen Durchsetzung der eigenen Ideen gegen Andere sein Selbstverständnis sucht und ein notwendiges »Umgestalten des Selbst nur als ›Untergang‹ und ›Katastrophe‹ erfahren« kann.[93] Unbeschadet der Aufgabe des Staates, eine realisierbare Asyl- und Einwanderungspolitik zu gestalten, die die Belastung für die Gesellschaft realistisch abschätzt, muss es die Aufgabe der

---

[92] Vgl. https://zdw.ekbo.de/ (abgerufen am 5.2.2026).

[93] Welker, Gottes Geist, 261, und oben Kapitel II.2.

Kirche sein, jede Herabwürdigung, jede menschenunwürdige Behandlung, jede Willkür zu benennen. Und sie muss selbst Unterstützung für Bedürftige anbieten. Bereits die Sprache gibt wesentliche Signale. Wer von »Geflüchteten« statt »Flüchtlingen« spricht, gibt bewusst zum Ausdruck, dass eine Person nicht einseitig durch eine bestimmte tragische Phase der Lebensgeschichte festgelegt werden darf. Die sehr große Hilfsbereitschaft, die die christlichen Gemeinden in Deutschland seit 2015 gezeigt haben, um Geflüchteten zu helfen, macht deutlich, wie stark das Bewusstsein für den notwendigen Dienst der Nächstenliebe als Zeugnisdienst in der Kirche verankert ist.

Die ökumenischen und interreligiösen Dialoge sind für die Kirchen mehr als eine diplomatische Bemühung mit dem Ziel, das Miteinander unterschiedlicher religiöser Gemeinschaften tolerant und friedlich zu gestalten und die gesellschaftliche Wirksamkeit der Religionsgemeinschaften zu stärken. Im Sinne eines geistlichen Kirchenverständnisses geht es im Kern darum, ein Zeichen dafür zu setzen, dass es bei aller Unterschiedlichkeit der Religionen auch einen gemeinsamen Geist der Versöhnungsbereitschaft gibt. In einer Zeit, in der Religionen vielfach missbraucht werden, um Menschen gegeneinander aufzubringen, ist es – um der grundsätzlichen Glaubwürdigkeit willen von Religion überhaupt – notwendig, dieses Zeichen zu setzen. Denn dass Religion Teil der Lösung sein kann und nicht Teil vielfältiger Probleme, diese Einschätzung ist heute in vielen Themenbereichen durchaus nicht mehr selbstverständlich.

Und schließlich: Welches Zeichen hat die Kirche Jesu Christi angesichts der drohenden Klimakatastrophe zu setzen? Sie wird keinesfalls zu denen gehören dürfen, die eine leichtfertige Hoffnung verbreiten. Angesichts der langen Geschichte, in der die Menschheit den biblischen Auftrag, die Erde zu beherrschen (»... füllet die

Erde und machet sie euch untertan«, Genesis 1,28) als Freibrief für Ausbeutung verstanden hat, wird sie die prophetisch-anklagenden Stimmen in der Sache nicht abschwächen dürfen. Sie wird auch das Gotteswort aus der Noah-Geschichte »Solange die Erde steht, soll nicht aufhören Saat und Ernte, Frost und Hitze, Sommer und Winter, Tag und Nacht« (Genesis 8,22) nicht im Sinne einer festen Grundgewissheit interpretieren dürfen, dass die Erde durch Gottes schöpferische Macht ewig bestehen wird. Diese Verheißung gilt, »solange die Erde steht«. Wie lange aber die Erde besteht, das liegt in Gottes Hand. Die feste Grundgewissheit des Glaubens bezieht sich darauf, dass Gott die Geschichte der Erde in der Hand hält, nicht aber, dass die Erde ewig erhalten bleibt. Diese Botschaft führt zu einer kritischen Haltung gegenüber einem romantischen Naturverständnis. Es ist nicht so, dass die Natur an sich gut oder gar heilig sei, und dass sie, wenn sie nur vom menschlichen Einfluss befreit würde, in immer wieder sich erneuernder Lebendigkeit ewig bestehen könnte. Ein biblisch-realistischer Glaube weiß, dass die Natur in sich ein dynamisches Geschehen darstellt, in dem konstruktive und destruktive Kräfte miteinander ringen (vgl. oben Kapitel II.2). Der Glaube vertraut auf die Wirkkräfte des Geistes Gottes, der immer wieder neu durch vielfältige emergente Prozesse die Lebendigkeit der Welt erhält. Auf diese Kräfte zu setzen und in aufmerksamer Geistesgegenwart diesen Kräften zu dienen, das ist die Aufgabe des Menschen. Der Mensch ist berufen, alles ihm Mögliche zu tun, um die Welt zu erhalten. Er kann zuversichtlich sein, dass sein Engagement zur Erhaltung der Schöpfung eingebettet ist in ein vielfältiges Netzwerk lebensfördernder Entwicklungen. Er kann zuversichtlich sein, dass er Wesentliches bewirken und die Erhaltung der Schöpfung maßgeblich mit beeinflussen kann. Diese Zuversicht ist es und nicht die Panik, die ihn motiviert.

Diese Zuversicht führt aber auch zu einer von Illusionen befreiten, realistischen Hoffnung. Der Mensch muss demütig anerkennen, dass sein Tun nicht den letzten Ausschlag gibt. Es liegt letztlich in Gottes Hand, ob und wie und wie lange Gott selbst durch seinen Geist die Welt auf diese Weise erhält. Es ist auch möglich, dass trotz allem menschlichen Bemühen die Zeit, »solange die Erde steht«, eines Tages ihr Ende findet und es »einen neuen Himmel und eine neue Erde« (Offenbarung 21,1) geben wird. Aufgabe des Menschen aber ist es auf jeden Fall, seinen Beitrag zu leisten, damit die Geschichte der Welt zukunftsoffen bleibt.

IV Wer schreibt die Geschichte der Hoffnung weiter? – *Futur* und *Advent*

Zu der großen Resonanz, die die *Theologie der Hoffnung* nach ihrem Erscheinen erfahren hat, gehörte eine intensive theologische Diskussion. Im Jahr 1967 erschien ein Diskussionsband, der in einem ersten Teil wesentliche kritische Anfragen gesammelt hat, auf die Jürgen Moltmann dann in einem zweiten Teil ausführlich eingegangen ist.[94] Zu den Anfragen gehörten auch verschiedene Diskussionsbeiträge, die eine Präzisierung des Verständnisses von »Zukunft« notwendig machten.

Jürgen Moltmann hat daraufhin gezeigt, dass der deutsche Begriff »Zukunft« zwei Sprach- und Denktraditionen vereint, die um der Klarheit willen differenziert werden müssen (209-215). Die eine Denktradition geht auf den lateinischen Begriff *futurum* (Zukunft) und den griechischen Begriff *physis* (Natur, Naturbeschaffenheit) zurück. Dieses Denken versteht Zukunft als dasjenige, was aus dem Sein der Gegenwart entsteht. »Was sein wird, entspringt aus dem ewigen Werde- und Zeugungsprozess des Seins. Es ist Aktualisierung von Urpotenz« (210f). Dieser *physis*-Prozess des Werdens ist ambivalent. In der Mythologie kann er als *mater* oder als *moloch* dargestellt werden. Die *physis* »gebiert und sie verschlingt alle ihre Kinder« (211). Die andere Denktradition geht auf den lateinischen Begriff *adventus* zurück, der dem griechischen Begriff *parousia* entspricht. *Parousia* bedeutet »die Ankunft und das Eintreffen von Personen und Ereignissen« (211). Im Neuen Testament wird dieser Begriff nie für das Kommen des irdischen Jesus von Nazareth,

[94] Wolf-Dieter Marsch (Hg.), Diskussion über die »Theologie der Hoffnung«, München 1967. (Im Folgenden verweisen die Seitenzahlen in Klammern auf dieses Buch.)

sondern nur für das Wiederkommen des Auferstandenen verwendet.

Wenn es darum geht, sich der Zukunft zu vergewissern, müssen beide Denktraditionen bedacht und aufeinander bezogen werden.

> *... das futurum wird aus den Faktoren und Prozessen der Vergangenheit und Gegenwart extrapoliert. Die Extrapolation ist die Methode der mythischen Weissagung und der wissenschaftlichen Futurologie. Zukunft als adventus eines Anderen, Neuen kann dagegen nicht aus der Geschichte extrapoliert werden. Sie wird antizipiert. Solche Antizipation der Zukunft ist dort möglich, wo etwas Anderes und Neues sein Kommen ankündigt ... In der Praxis des geschichtlichen Handelns müssen ... beide Weisen der Zukunftsvergewisserung ständig kombiniert werden. Futurologische Extrapolationen sind keine Kassandraweissagungen über kommendes Schicksal, sondern sie werden der Gegenwart vorgetragen, damit diese die kommenden Übel rechtzeitig abwenden und die kommenden Möglichkeiten zum Guten rechtzeitig ergreifen kann.* (212)

Im ersten Kapitel dieses Buches wurde eine brillante Analyse der gegenwärtigen politischen Situation referiert. Ivan Krastev und Stephen Holmes beschreiben eindrucksvoll, wie sich innerhalb von einer Generation wesentliche geopolitische Überzeugungen, Konzepte und Zielvorstellungen radikal verändert haben – nicht zum Guten. Ihr symbolisches Reden von einem Licht, das erloschen ist, macht deutlich, wie sie die Entwicklungen deuten. Sie raten dazu, diese neue Situation nicht zu beklagen, sondern als neue Realität zu akzeptieren und sich entsprechend darauf einzustellen. Auch der geopolitische Denker Herfried Münkler empfiehlt – gleichsam angesichts des erloschenen Lichtes –, sich auf die neue Weltsituation einzustellen. Er entwickelt bereits Konzeptvorschläge für die Ordnung der Mächte im 21. Jahrhundert. Er geht dabei wie selbstverständlich davon aus, dass die alte Ära, also die Weltsituation vor der inzwischen so genannten »Zeitenwende«, vergangen und vorbei ist. Eine regelbasierte Weltordnung mit Institutionen, die weltweit für Recht und Gerechtigkeit, für das Selbstbestimmungsrecht der Völker, für die Achtung der Menschenrechte einstehen, gehören für ihn offenbar zu der Ära, von der wir Abschied nehmen müssen. Seine Vorstellungen für die Zukunft lehnen sich gegen diesen Verlust nicht auf. Sie ordnen lediglich das Zusammenwirken der stärksten Mächte dieser Welt. Das Recht des Stärkeren wird gleichsam bereits in vorauseilendem Gehorsam akzeptiert. So allerdings lässt sich die Geschichte der Hoffnung nicht weiterschreiben!

Im ersten Kapitel wurde ebenfalls dargestellt, wie beunruhigend, ja dramatisch die drohende Klimakatastrophe das Bewusstsein der Menschheit heute beeinflusst. Verzweiflung macht sich breit, oder Verdrängung führt zu einem Lebensstil, der nachhaltige Verantwortung ausblendet, oder zu einer Haltung, die nur Panik als Motivationskraft kennt.

Eine Zukunftsvergewisserung im Sinne einer realistischen Hoffnung sollte diese aktuellen Analysen mit ihren vielfach erschreckenden Ergebnissen nicht verabsolutieren. Sie sollte sie zwar sehr ernst nehmen als eine Beschreibung des *Futur*, als eine Hochrechnung, die aus dem extrapoliert wird, was heute vor Augen steht. Ohne die Dimension des *Advent* wird die Zukunft aber nur einseitig in den Blick genommen. Zu einer realistischen Zukunftssicht gehört es, die Dimensionen des *Futur* und des *Advent* zu unterscheiden und sinnvoll aufeinander zu beziehen. Eine solche realistische Zukunftssicht wird die Unheilsprognosen im Sinne Jürgen Moltmanns als *Kassandrarufe* werten. Kassandrarufe beschreiben nicht das kommende Schicksal. Sie beschreiben nicht das, was unabänderlich vor uns liegt. Sie haben einen anderen Sinn. Sie »werden der Gegenwart vorgetragen, damit diese die kommenden Übel rechtzeitig abwenden und die kommenden Möglichkeiten zum Guten rechtzeitig ergreifen kann« (212).

Die Zukunft wird – so wie es immer schon war – aus einem Zusammenspiel dessen entstehen, was wir selbst leisten können, zuversichtlich und im Bewusstsein, tatsächlich etwas erreichen zu können, und dessen, was als Neues, Unerwartetes und vielfach Unerwartbares auf uns zukommt, auf das wir unsere Hoffnung richten. Dies gilt im persönlichen Leben ebenso wie im kirchlichen und politischen Leben.

Wer sein individuelles Leben spirituell verstehen will und nach Formen sucht, es im Geiste des Auferstandenen als ein Leben in der Nachfolge zu gestalten, der wird sich sowohl Ziele setzen, die er zuversichtlich und tatkräftig verfolgt, um das *futurum* aktiv mitzugestalten. Er wird aber immer auch aufmerksam Ausschau halten, welcher *adventus* ihm geschenkt wird. Beide Perspektiven werden sich zu einer geistlichen Lebensgeschichte verbinden, die im Rückblick als eine Geschichte mit vielen Hoffnungsmomenten zu Papier gebracht werden kann.

Wer nach der Zukunft der Kirche fragt, wird alle Hochrechnungen und Prognosen zu demographischen Daten, Mitgliederzahlen und Finanzentwicklungen sehr ernst nehmen, wird aber auch mit einem »dritten Auge« sehen lernen, um neue Perspektiven, Ideen, sich abzeichnende Konstellationen oder überraschende Kooperationsmöglichkeiten zu entdecken, die der Glaube als emergente Prozesse des Reiches Gottes deuten kann.

Wer sich als Christenmensch und Bürgerin oder Bürger mitverantwortlich fühlt für die politischen Entwicklungen, der wird gerade in dystopischen Zeiten die Anti-

Dystopien suchen, sie entdecken und helfen, sie stark zu machen: die hoffnungsvollen Ansätze, die den »glimmenden Docht … nicht auslöschen« (Jesaja 42,3), sondern das Licht neu entfachen, wenn es zu erlöschen droht. Er wird, weil er weiß, dass Gottes Möglichkeiten für unsere Welt weit über das hinausgehen, was aktuell zu erkennen ist, die großen Hoffnungen nicht aufgeben: eine Welt, in der Gerechtigkeit und Barmherzigkeit gelebt werden, Nächstenliebe geübt wird, Versöhnung gesucht und gerechter Frieden gestaltet wird.

In allen Dimensionen des Lebens sind wir aufgerufen, unserer Berufung gerecht zu werden: Als Bild Gottes können und sollen wir teilhaben an Gottes kreativem Wirken, mit dem er die Welt erhält. Wir können im Geiste der Zuversicht, den der auferstandene Christus sendet und der in großer Vielfalt wirkt, aktiv handeln. Wir können als Teil eines weltumspannenden geistlichen Netzwerkes, das weit über die Kirchengrenzen hinausgeht, eintreten für Nächstenliebe, für Gerechtigkeit und Versöhnung, für Barmherzigkeit und Wahrhaftigkeit, für die Bewahrung der Schöpfung. Wir werden auf diese Weise die emergenten Prozesse stärken, die das Destruktive in Schach halten und das Neue und Unerwartete ins Leben rufen. Wir werden unermüdlich an die großen Verheißungen erinnern, die auch dann in Kraft bleiben, wenn sie in vorübergehenden Phasen der persönlichen Geschichte, der Kirchengeschichte und der Weltgeschichte nicht realisiert werden können. In alledem schreiben wir aktiv mit an der Geschichte der Hoffnung.

Ob und wie die Geschichte dieser Welt als ganzer, im Zusammenspiel von *Futur* und *Advent*, als eine Hoffnungsgeschichte geschrieben werden kann, das liegt nicht in unserer Hand.

Lieferbare Radius-Bücher. Eine Auswahl

Ursula Baltz-Otto (Hg.): Jeder Tag ein Gedicht. 366 Texte
Martin Bauschke: Abraham und Aschenputtel
Brückenschlag zwischen Bibel und Märchen
Gerhard Begrich: Das Buch Jeschajahu
Der Prophet Jesaja neu übersetzt und erläutert
Gerhard Begrich: Das Buch Jirmejahu
Der Prophet Jeremia neu übersetzt und erläutert
Gerhard Begrich: Engel und Engelgeschichten in der Bibel
Gerhard Begrich: Das Hohelied Salomos
Neu übersetzt und erläutert
Gerhard Begrich: Namen und Namengeschichten in der Bibel
Gerhard Begrich: Die Torah. Die fünf Bücher Mose
Neu übersetzt und erläutert *(Bände auch einzeln erhältlich)*
Peter Bichsel: Im Hafen von Bern im Frühling
DENKSKIZZEN zu den sechs Perikopenreihen
Sechs Bände; verschiedene Herausgeber
Wolfgang Erk (Hg.): Literarische Auslese
Texte für jeden Tag des Jahres
Wolfgang Erk (Hg.): Für diesen Tag und für alle Tage
Deines Lebens. Ein Brevier
Wolfgang Erk (Hg.): Viele gute Wünsche
Literarische Annäherungen
Wolfgang Erk/Martin Scharpe (Hg.): Es glänzen einzig die Wörter
Vom Schreiben und Lesen in Wort und Bild
Marcell Feldberg (Hg.): Tod und Abschied
Texte zur Trauer und darüber hinaus
Traugott Giesen: Rufbereitschaft. Texte zum Leben
Peter Härtling: 80 – Versuch einer Summe
Peter Härtling: Versuchte Ewigkeit. Gedichte 2008–2016
Gotthold Hasenhüttl: Christen gegen Christen
Der Streit um das gemeinsame Abendmahl
Gisela u. Ulrich Häussermann (Hg.): Frauengedichte der Welt
Martin Hein: Interventionen
Predigten im Spannungsfeld von Kultur und Kirche
Hartmut von Hentig: Annäherung an das Gute Leben
Eine Essay-Trilogie
Klaus-Peter Hertzsch: Chancen des Alters. Sieben Thesen
Klaus-Peter Hertzsch: Der ganze Fisch war voll Gesang
Klaus-Peter Hertzsch: Sag meinen Kindern,
dass sie weiterziehn. Erinnerungen
Reinhard Höppner: Chancen der doppelten Erfahrung
Texte der letzten Jahre

Walter Jens: Das A und das O. Die Offenbarung
Walter Jens: Der Römerbrief
Walter Jens: Die vier Evangelien
Walter Jens: Der Teufel lebt nicht mehr, mein Herr!
  Erdachte Monologe – Imaginäre Gespräche
Klaus-Peter Jörns: Glaubwürdig von Gott reden
Eberhard Jüngel: Anfänger
  Herkunft und Zukunft christlicher Existenz
Eberhard Jüngel: Beziehungsreich. Perspektiven des Glaubens
Eberhard Jüngel: Erfahrungen mit der Erfahrung
Eberhard Jüngel: Predigten 1–7 *(Bände auch einzeln erhältlich)*
Eberhard Jüngel: Unterwegs im Kirchenjahr. Festtagspredigten
Otto Kaiser: Die Weisheit Salomos
  Neuübersetzung und Einführung
Reiner Kunze: Bleibt nur die eigne Stirn. Ausgewählte Reden
Reiner Kunze/Mireille Gansel: Die Chausseen der Dichter
  Ein Zwiegespräch über Peter Huchel und die Poesie
Annette Kurschus: Zutrauen ins Unglaubliche. Zwanzig Predigten
Christoph Levin: Aus heiterem Himmel. Zwanzig Predigten
Christoph Levin: Bin ich's? Zwanzig Predigten
Christoph Levin: Premierenfieber. Zwanzig Predigten
Christoph Levin: Das verlorene Paradies.
  und weitere sieben Vorträge zum Alten Testament
Gerd Lüdemann/Martina Janßen: Bibel der Häretiker
  Nag Hammadi
Henning Luther: Frech achtet die Liebe das Kleine. Predigten
Henning Luther: Leben als Fragment. Zwei Bände
  (auch einzeln erhältlich)
Kurt Marti: DU. Eine Rühmung
  Und 19 Gebete in Gedichtform sowie ein Essay
Kurt Marti: Fromme Geschichten
Kurt Marti: geduld und revolte. die gedichte am rand
Kurt Marti: Die gesellige Gottheit. Ein Diskurs
Kurt Marti: Heilige Vergänglichkeit. Spätsätze
Kurt Marti: Prediger Salomo. Weisheit inmitten der Globalisierung
Kurt Marti: Die Psalmen. Annäherungen
Kurt Marti: Schöpfungsglaube. Die Ökologie Gottes
Kurt Marti: Versuche zu verstehen
  Von der Weltleidenschaft Gottes und Gott im Diesseits
Elisabeth Moltmann-Wendel: Der auf der Erde tanzt
  Spuren der Jesusgeschichte
Niklaus Peter: Ein Hemdlein fürs nackte Evangelium
  Gedanken zu biblischen Worten
Niklaus Peter: Himmelsleiter und Prophetenmantel
  Kleine Denkstücke in Religion und Literatur

Niklaus Peter: Maulwürfe und Sündenböcke
Aufbrüche aus der Welt des Alltäglichen
Niklaus Peter: Schachfigur – oder Schachspieler. Denkmodelle und Spielzüge auf den Feldern des Lebens und der Religion
Klaus Pfitzner: Freispiel. Abenteuer Altsein
Klaus Pfitzner: Der Himmel lacht mich an
Stille Wanderung durch das hohe Alter
Klaus Pfitzner: Jenseits der Wüste. Miniaturen zum hohen Alter
Klaus Pfitzner: ...und Goliath lächelte
Marginalien zum Leben im Alter
Martin Scharpe (Hg.): Erdichtet und erzählt I und II
Das Alte / Das Neue Testament in der Literatur
Martin Scharpe (Hg.): Das literarische Geburtstagsbuch
Wieland Schmied: Bilder zur Bibel
Maler aus sieben Jahrhunderten erzählen das Leben Jesu
Wieland Schmied: Von der Schöpfung zur Apokalypse
Bilder zum Alten Testament und zur Offenbarung
Friedrich Schorlemmer: Die schöne Kraft des Glockenseils
Gespräche mit Hans-Dieter Schütt
Friedrich Schorlemmer: Wortmacht und Machtworte
Eine Eloge auf die Leselust
Friedrich Schorlemmer (Hg.): Das soll Dir bleiben
Texte für morgens und abends
Friedrich Schorlemmer (Hg.): Dezembernacht
Gedichte und Geschichten zur Advents- und Weihnachtszeit
Rudolf Smend: Wohltuendes Durcheinander. Biblische Predigten
Fulbert Steffensky: Fragmente der Hoffnung
Fulbert Steffensky: Heimathöhle Religion
Ein Gastrecht für widersprüchliche Gedanken
Fulbert Steffensky: Mut zur Endlichkleit
Sterben in einer Gesellschaft der Sieger
Fulbert Steffensky: Schutt und Asche
Streifzüge durch Bibel und Gesangbuch
Fulbert Steffensky: Schwarzbrot-Spiritualität
Hans Stickelberger: Störenfriede und Friedensstifter
Predigten und Aufsätze. Ausgewählt von Niklaus Peter
Johannes Taig: Aufrichtende Anteilnahme. Predigten und Predigtstücke, hrgg. von Alexander Deeg und Benjamin Fuchs
Hanna Wolff: Jesus der Mann
Die Gestalt Jesu in tiefenpsychologischer Sicht
Eva Zeller: Das unverschämte Glück. Neue Gedichte

Radius-Verlag · Alexanderstraße 162 · 70180 Stuttgart
Fon 0711.607 66 66 Fax 0711.607 55 55
www.Radius-Verlag.de e-Mail: info@radius-verlag.de